誰でも売れるアイデアが
湧き出す思考法

売れ型

コピーライター
小西利行

PHP

はじめに

売れるアイデアには「型」がある

　僕は１９９３年に博報堂という広告代理店に入社しました。そこから28年、ずっと広告の仕事をしています。コピーライターとして仕事を始め、博報堂を退社する頃にはクリエイティブ・ディレクターとしての役割を担《にな》うようになりました。

　２００６年にＰＯＯＬという会社を立ち上げてからは、広告の枠を超えた、事業開発やブランディング、コンセプトメイキングの仕事が増えています。

　考えていることはずっと変わりません。「どうしたら人の心を動かし、行動させられるか」。商品やサービスを利用する人が増えたり、イベントに人が集まって賑《にぎ》わったりなど、自分が携《たずさ》わることで、より多くの人の心を、より強く動かせるようにしたいと、ひたすら考えてきました。

　でも、もともとそういうタイプのアイデアマンだったかと言えば、そうではありません。広告代理店で長年クリエイティブな仕事をしていたと言うと、最初から「売れるアイデア」を考える才能があったのでしょうと言われますが、実は広告代理店でクリエイティブ職に配属されたときは、アイデアとは程遠い人間だったと思います。

事実、コピーライターへの配属は「補欠」でしたし、「小西くんはこの仕事向いてないから、職業変えた方がいいよ」と二人の先輩から同時にアドバイスされるほど。1つの案件に対し、1000本キャッチコピーを書いても、全部ボツ。それが現実でした。

「コピーライターに向いてない」と言われて気づいた「あること」

そんな僕を変えたのは、これまた別の先輩に言われた言葉でした。僕のキャッチコピーを一瞥《いちべつ》した先輩が一言、「お前は何も考えてない」と言ったのです。「徹夜して24時間考え続けたのに?」と不満そうな僕の顔を見て、先輩はさらに言いました。「何時間も考えたって言いたいんだろうけど、それは時間を浪費しただけで、考えたとは言えないよ」。

考えていたはずの時間は、「考える」ことに使われていなかった。それって、どういう

ことなんだろう。僕は人生で初めて、「考えるとは何か」について考え始めました。

数日考えた結果、たどり着いた結論はこれです。**「考えるとは、ゴールを設定し、そこにたどり着く方法を生み出すこと」**。もっと端的に言うと、「考えるとは道筋を描くこと」なのです。行き先が決まっていなければ、道は描けない。まずは、ゴールを決めることからすべてが始まる。それに気づいたときは、まさに目から鱗《うろこ》が落ちる思いでした。

先輩が僕のコピーをボツにしたのも、ゴールへたどり着けるコピーが1つもなかったからでした。僕がキャッチコピーを「考えていた」と思っていたとき、僕はゴールを意識していませんでした。商品の特性などにからめて、なにかうまいことを言えないか、くらいに思っていたのです。そうではなく、その商品のターゲットである人たちが、商品を買いたくなるにはどうすればいいか、その方法を生み出すべきだったのです。

それはもしかしたら、商品の特性には一言も触れないキャッチコピーかもしれない。むしろ、商品そのものを改善する方が大切で、キャッチコピーすら必要ないかもしれない。あるいは、クライアントの要望自体が、ゴールと離れていることに気づくかもしれない。

このように「考える」ことの意味がわかってからは、クライアントへのプレゼンも明確になり、キャッチコピーはもちろん、企画もバンバン通るようになりました。求められていたのは、ゴールを設定し、それを解決するための道筋を考えることだったのです。

それから僕は今に至るまで、どんな仕事に携わるときも、「ゴールはどこか？　そのゴールまでの道筋はどんなものか？」を強く意識してきました。そうしないと、「考える」ことにならないからです。

自由に考えても、売れるアイデアは出てこない

そうして、ゴールまでの道筋を意識して数々の仕事を経験していくと、徐々に「あ、この場合はこの方法でゴールへ行けるかもしれない……」といった「パターン」がわかってきました。そして実際の仕事でも、「パターン」に当てはめて考えることで、アイデアが飛躍的に考えやすくなり、おもしろくなることを体験しました。そこから僕は、その「パターン」をたくさん集め、いろんな仕事に応用するようになったのです。

アイデアは自由に考えるべき、と言われてきましたが、それは間違いです。自由に考えてしまえば、コピーライターとして配属されたばかりの頃の僕のように、1000本キャッチコピーを考えても、全部ボツになってしまうかもしれません。でもゴールまでの道筋を描く「パターン」に沿って考えれば、アイデアの質も量も比較にならないほど向上します。そしてそれだけで、「売れるアイデア」を探して闇雲にもがいていた苦しみから解き放たれ、効果のあるアイデアをスムーズに考えられるようになるのです。

ここでいう「パターン」とは、過去に売れた商品や優れたアイデアから、成功の方法を抽出し、別の仕事でも再現できるようにした考え方のルールのようなもの。言わば、**「売れるアイデア」をつくる「公式」**です。**僕はそれを「型」と呼び、すべての仕事で使って**

いるのです。「型」は、マーケッターやクリエイターといったアイデアのプロのためのものではなく、誰もが使え、アイデアを生み出せる方法です。数学のテストで言えば、どの公式を使えばいいかがわかれば問題が解けたも同然ですが、売れるアイデアについても、いくつかの「型」を覚え、それがどんなときに当てはまるかが判別できるようになれば、誰でも売れるアイデアがつくれるようになるのです。

型がわかれば、どんな人でもおもしろいアイデアが出せる

しかし、このような「型」を意識している人は、意外なほど少ないのも事実です。例えば、マーケティング関連のセミナーではよく、登壇者が自分の手掛けたプロモーション事例を紹介していますが、「型」のように他の仕事でも使える方法論を話している人は、ほとんど見たことがありません。

たしかに、そういう場で話される事例は興味深いものばかりですし、へえ、そんな裏側があったのか、なんて思わず感心してしまいます。でも、いざ実践するとなるとどうで

しょう？　正直、応用は難しいと思います。他社の事例は、ターゲット、市場、使える予算、社内の体制などあらゆることが違うので、自社ではほぼ使えず、「へえ〜」で終わってしまうのが現実でしょう。事例はやはり、そのままを伝えるのではなく、一度抽象化して誰もが使えるような「型」にした方がいい。でもそれはかなり難しいので、ほとんどの人が事例だけを話すことになるというわけです。

実はこれ、書籍でも同じだと思います。世の中を見回すと、成功事例について書いた本は多いけれど、その成功を再現するための「型」についての本はかなり少ない。特に、ビジネスで最も大切な「売る」ための「型」はほとんど紹介されていません。だから今回、僕が長年の経験の中で蓄えてきたさまざまなビジネスの「型」の中から、商品やサービスを売るための「型」、すなわち**「売れ型」**を集中的にまとめようと思ったのです。

本書では、あらゆるビジネスに応用できる**「売れ型」の基本**をはじめ、売れるアイデアの**「考え型」「見つけ型」「つくり型」「広げ型」「続け型」**などを紹介しています。そのすべては実際に僕が使い続けているもの。だから机上の空論で終わらず、ビジネスの最前線で使えます。また、「売れるコピーのつくり方」のように特定の人にだけ必要な表現技術ではなく、誰もが応用できる「型」なので、きっとあなたのビジネスでも効果を発揮すると思います。

「自分の携わっている商品が売れて欲しい」「もっと広く色んな人に知って欲しい」「売れる商品を開発したい」と悩むビジネスパーソンは、どんどんこの型を習得して、応用して欲しいですし、また、企業研修などの教育や実習などでも使って欲しいと思います。


ちなみに本書で僕が伝えたいのは、「売れ型」とその考え方そのものです。事例もいくつかお話ししますが、それはあくまで理解の補助線にすぎません。まずは、型を覚え、ぜひ実際の仕事で実践してみてください。「型」は、想像以上にカンタンに習得・応用できます。だから本書を読めば、誰でも、人の心を動かすアイデア、売れるアイデアがつくれるようになります。そして最終的には、読者の皆さんが自分自身で、自分らしい「売れ型」を見出《みいだ》せるようになっていけると思います。

ところで本書では、次の図のような「売れ型の木」を使って、「売れる」ために必要な要素を視覚的に体系化しています。この木を見れば本書で述べる「売れ型」がカンタンにイメージできるようになるので、参考にしながら読み進めてください。

売れ型の木

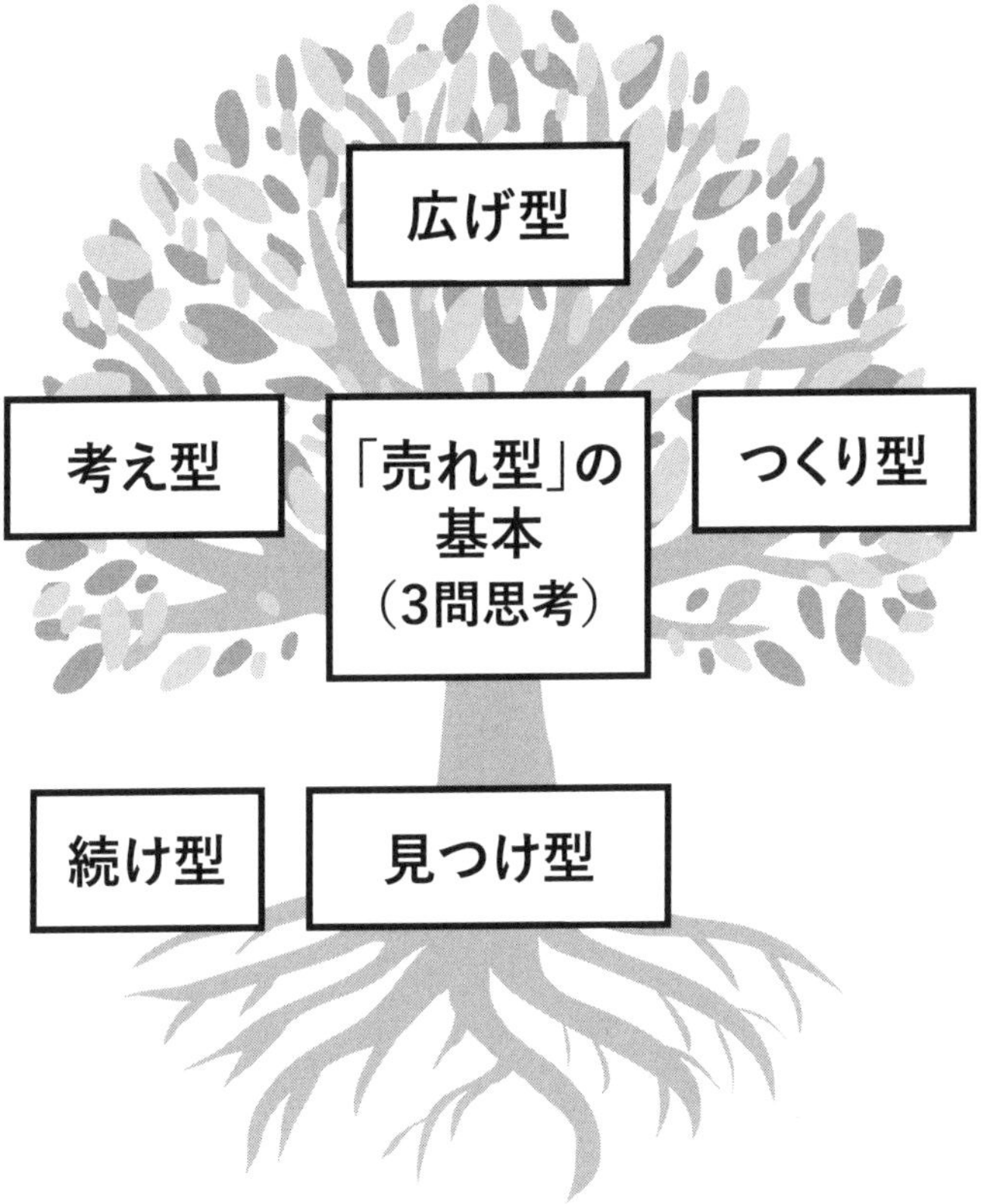
広げ型
考え型
「売れ型」の
基本
（3問思考）
つくり型
続け型
見つけ型

「売れること」は、世界を良くすること

さて、僕のメインの仕事である「広告」ですが、残念なことに、最近ちょっと「嫌われもの」になっているようです。コロナ禍《か》で家中消費は加速したものの、そもそも時代はサステナビリティ（持続可能性）を求めているし、「消費」よりも、「使い続ける」ことや「自分でつくる」方に、世の中の気持ちは動いています。そんな時代を考えれば、消費の旗振り役だった「広告」に対して、違和感や反感が生まれるのは仕方がないかもしれません。

でも、僕はそんな時代にあっても、いや、そういう時代だからこそ「広告」の可能性を信じています。それはよく言われるように、「売れる」ことで経済が回り、人々の幸せが生まれるからでもありますが、最も強い理由は、「売れる」ことが**「良い未来をつくる唯一の鍵」**だと考えているからです。

これからの時代、モノやサービスが「売れる」ためには、社会の気分を摑《つか》まないといけません。30年前ならともかく、今、企業がモノを浪費するような施策を打ち出したら、見

向きもされないし、反感を買うでしょう。これからの広告や販売促進、商品開発には、世界を良くしたいという思いとリンクした新しいビジョンを提示することが求められます。さらに、そんな企業のビジョンに共感し、その理想を実現するために商品を買うことも多くなると思います。

僕は、これからの時代に「売れる」ためには、**「消費」というよりも、「共感＋所有」が原動力になっていく**と思っています。つまり、より良いビジョンに共感し、それを実現するために所有する、という行動が主流になると考えています。だとすれば、「売れる」ことでより良い世界が生まれることになる。逆に、売れなければ、いかに優れたビジョンであっても、広まらず、浸透もせず、なかったことになる。つまり、ワクワクする未来も豊かな世界もやってこないということです。

これが、先ほど「売れる」ことが「良い未来をつくる唯一の鍵」だと言った理由。僕にとって**「売れる」ことは、一企業の利益だけではなく、社会の利益を生むことであり、「売れる」ことは、地球にとっても良い未来を生むことなのです。**

スティーブ・ジョブズが、Appleというブランドを「売る」ことで、世界をクリエイティ

「売れること」の定義の変化

昔　売れる ＝ 消費

↓

今　売れる ＝ 共感 ＋ 所有

ブにしたように、イーロン・マスクが、テスラを「売る」ことで、世界のエネルギーを再生可能に変えていくように、売れることで世界が良い方向へと変わる時代が来ています。でも、その変化の波に乗るためには、企業が「売る」ことの意味を、「消費」から「共感＋所有」へと変えなければならないし、すべてのビジネスパーソンが、世の中の気分を掴み、「売れるアイデア」をつくり、そして広く届ける方法を知らなければいけません。

でもそんなこと言われても、ぶっちゃけ、やり方がわからないですよね。でも大丈夫。本書で紹介する「売れ型」を知れば、新しい時代に「売れる」ための方法がわかるようになります。

そして、ただの「消費」に終わらず、ワクワクする未来へとつながる商品の「売れ型」が身につきます。

本書でお伝えする「売れ型」は、バズらせて一過性のブームをつくる、といった小手先のテクニックではありません。また、流行をいち早く捉え、マーケティングツールを駆使して拡散するための手法解説でもありません。

どちらかと言えば、それとは逆。**地味でも長く、緩やかでも広く、深く人の心を摑み、行動してもらうための考え方**を本書ではお伝えします。そして同時に、これからの時代に人の心を動かすための方法や、より良い未来のつくり方につながる「問い」を投げかけようと思います。

今や、**世の中を良くするムーブメントを生み、その思いに共感するコミュニティを広げることが、すなわち「売る」ことにつながる時代**です。そしてこれからは、「売る」ことがなによりもクリエイティブで、おもしろい時代になると思います。ビジネスが最高にクールで、気持ちよく、楽しくなる波は、もう目の前です。ぜひ本書で「売れ型」を知って、その波に乗ってください。そして、人と世界を動かすアイデアをどんどん生み出していきましょう。新しい時代のマーケティングや商品開発が、ここから始まると思います。

売れ型　目次

序章

世界は不満でできている。

～未来をつくる3つの質問～

第1章

売れるアイデアの「考え型」

～不満から幸せを生もう～

第2章

売れるアイデアの「見つけ型」

～不満のプロになろう～

第3章

売れるアイデアの「つくり型」
～アイデアは人生のそばにある～

第4章

売れるアイデアの「広げ型」
～売れるモノにはストーリーがある～

第5章

売れるアイデアの「続け型」
～未来に売れる指針を知ろう～

序　章

世界は不満でできている。

～未来をつくる3つの質問～

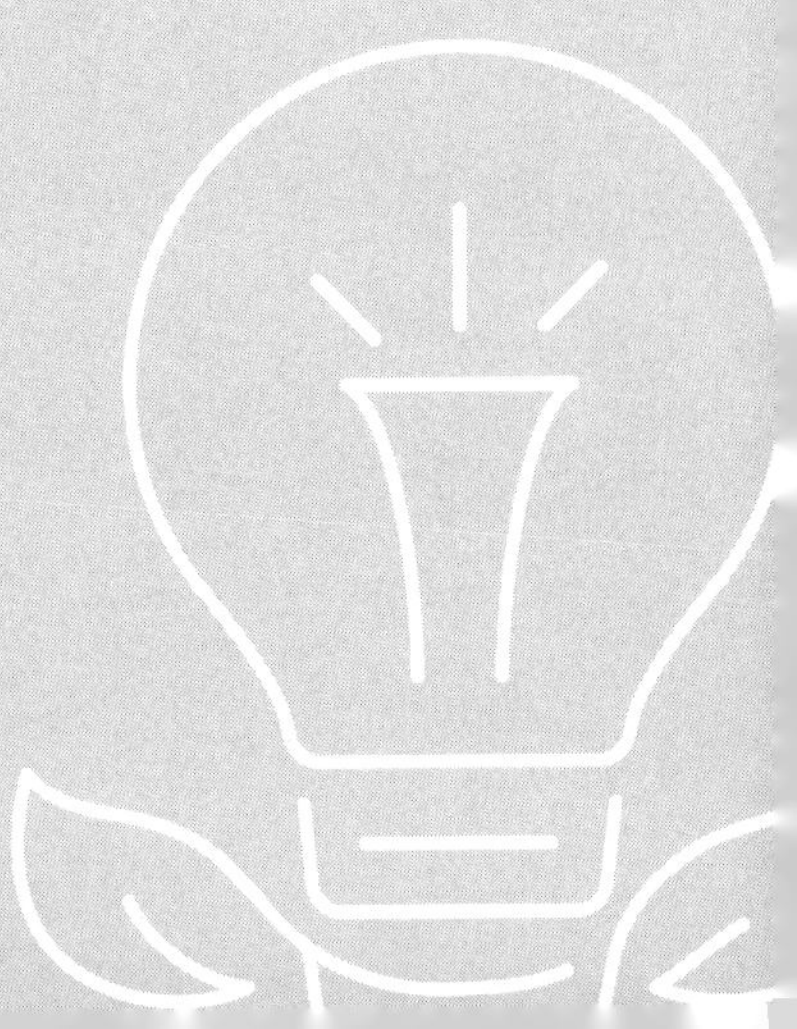

「売れるアイデア」の共通点とは？

「不満を突き詰めること」からすべては始まる

本書では、売れるアイデアを生み出すための「型」を紹介していきます。その型は、僕が28年間、広告の仕事をしてきた中から見出したものです。

広告の仕事に従事していると、「ヒット」を分析する機会が多くあります。広告主の商品をヒット商品へと導くことがミッションだからです。

そうして、分析と広告制作を繰り返しているうちに、「売れている企画にはなんらかの法則性があるに違いない」と思うようになりました。そして、その分析をしていくことで、ヒット商品に潜《ひそ》む「ある共通点」を見つけたのです。

その共通点とは、**「不満の解決」**です。世の中のあらゆるヒット商品やサービスは、驚くべき発想や画期的な新技術だから売れているのではなく、潜在的に人の中にあった「不満」を解決しているからこそ売れているのです。

例えば、「ワイヤレスイヤホン」や「エアレスタイヤ（空気を入れないタイヤ）」「ウォシュレット」。この3つも一見、共通点はなさそうに見えますが、「人の不満を解決した発明」として見ると、つながりが見えてきます。

AirPodsに代表されるワイヤレスイヤホンは、ヘッドホンのケーブルが邪魔であるという不満を、エアレスタイヤは「タイヤはパンクするもの」という不満をそれぞれ解決しています。

ウォシュレットは、実は、アメリカの会社が開発したお尻を洗う機能がついた便座がベースになっています。これは紙でお尻を拭《ふ》くと痛い人や、体が大きすぎてお尻がよく拭けない人のためのものでした。紙で拭くことに不自由を感じる人の不満を解決するために生まれたわけです。その後、水温や温水が当たる角度などの不満を地道に解決していった結果、ヒット商品となりました。

ウォシュレットの場合、発売当初は大多数の人が、「お尻を洗えないことが不満」とは思っていなかったかもしれません。でも商品が出てから、洗えたら便利で気持ちよく、衛生的だということにみんなが気づいた。こうした大多数の人が「潜在的に抱えている不満」を解決する商品は、人々の生活を変え、大ヒットします。

不満の解決によって、ヒット商品、すなわち多くの人に支持されるものを生み出す。それは、世界的、歴史的に続いてきた流れです。ヒット商品という言葉には収まらないような普遍的な発明——石器やメガネ、自転車などもそれに当てはまります。まず不満があり、それを解決しようとするからこそ、人は進化してきたのです。

あのメガベンチャーも、不満から生まれた

世界中の人にサービスを提供するようなメガベンチャーも、実は「不満の解決」から始まっています。Uberはアメリカのイエローキャブ（タクシー）利用者側の「料金をぼったくられる」「安心して乗車できない」などの不満、そしてドライバー側の「待機時間がもったいない」という不満を同時に解決しています。

同じように、民泊で知られるAirbnbは、部屋を借りる側の「ホテルが予約できない」

「高すぎる」「よくあるホテルではつまらない」という不満、そして部屋を貸す側の「部屋が空いていてもったいない」という不満を同時に解決しています。

Googleだってそうです。Googleは今や、さまざまなサービスを開発・提供していますが、もともとの始まりは検索エンジンでした。「数年先のインターネット上にはたくさんのウェブサイトが生まれ、有用かつ重要なページをすぐに探せなくなる」。それを不満に思ったラリー・ペイジとセルゲイ・ブリンが、サイトの被リンク数（外部サイトから自サイトへ向けられたリンクの数）からウェブページの重要性を判断する検索エンジンを開発しました。まさに、未来の不満から未来のニーズを探し当てたわけです。

Googleが初期に掲げていた「世界中の情報を整理し、世界中の人々がアクセスできて使えるようにする」というミッションは、二人にとって、インターネットの情報が整理されていないことや世界中の人々がアクセスできないことが不満である、ということの表れだと考えられます。

ソフトバンクグループ創業者の孫正義さんは米国に留学していた頃、「毎日5分間考えて、1つの発明をする」ことを習慣づけていたそうです。そのときの発想法の1つが、

「不満をとにかくあげていくこと」。その不満を解決する方法を考えれば、自ずとたくさんの発明が生まれる、というわけです。

最終的に、250以上もの発明を考えた孫さんが、その中から電子翻訳機のアイデアをシャープに持ち込んだ、という話は有名です。この電子翻訳機は、のちの電子辞書のベースとなりました。これも、洋書を読んだり、海外でわからない単語に出会ったりしたとき、紙の辞書を常に持ち歩いて調べるのは大変という「不満」を解決している商品です。

大ヒットのアイデアは身のまわりの「小さな不満」

今のような不確実な時代は、不安と不満がいっぱいです。「変化の激しい時代……」なんてフレーズはすでに使い古されたものでしたが、新型コロナウイルスの感染拡大により、本当に「変化の激しい時代」になりました。そしてこれからも、いつ何時、とんでもなく大きな変化が生まれるかわかりません。そんな未来に対して確実に言えることは、人が今までの延長線上にない行動をとるようになると、予想もしなかった不満にぶつかるということです。

この本を読んでいる方も、コロナ禍でさまざまな不満に気づいたのではないでしょうか。出勤して働く、気軽に雑談する、友人と集まって飲み会をする、海外旅行に行く、旅先で盛り上がる……こうした、今まで当たり前のようにできていたことができなくなる。これは、明らかに「不満」です。

さらに、不安、不便、不信のような「不」を数えれば、きりがないほど。今では、日常の会話やＬＩＮＥでのやりとり、さらにはテレビやネットのニュースにも「不」がいっぱい。感染への不安や行動を制限されることでの不便はニュースの中心になっていますし、国の対応への不満などもあふれています。

でも、世の中が絶望的かと言えば、そうでもありません。人は、「不」に翻弄《ほんろう》されながらも、それをなんとか解決して、楽しみを見出す生き物だからです。そしてその「楽しさを生む解決策」は、「不」の反動で一気に話題となり、世の中に広がるのです。例えば、新型コロナウイルスの感染が心配だけど、やっぱり人と話したい。そんな不の解決方法として「オンライン飲み会」が始まると、すぐにニュースでも取り上げられ一気に広がりました。これは「売れるアイデア」をつくる１つの視点。つまり、**現在の「不」を解決し、楽しさを生めば、広く拡散する「売れるアイデア」になる**と言ってよいわけです。

だからこそ皆さんには、**不満を解決するだけでなく、そこから「プラスの幸せ」を生むアイデアを考えて欲しい**のです。例えば、今回のコロナ禍のようになかなか旅行に行けない状態や、身体的事情があって旅行に行けない人を想定して「バーチャル旅行」を考えたとします。でもそのときに、ただ旅行に行く感覚を再現することを目指すのではなく、「バーチャルならではの楽しみ」を付加して、より幸せな体験を生むことを目指すわけです。深海や北極点などフィジカルな旅行ではなかなか行けないところに行けたり、世界文化遺産の立入禁止の区域も見物できたりしたら、より多くの人が幸せになるはずです。

このように、不満の解決と言っても、マイナスをゼロに戻すのではなく、ワクワクするプラスにしようと考えることで、より強い共感が生まれ、多くの人に広まります。第4章「ビフォー・アフター」の項目でもお話ししますが、この「マイナスをプラスに」という考え方も、重要な「売れ型」の1つなのです。

ただし、多くの人に幸せを生むアイデアは、大上段に構えていても見つかりません。今や、「あ、それがあるとちょっと幸せになるね」という小さなアイデアの方が、世の中を変える大きな動きになる可能性があると思います。

実は、**大きなヒットの種は、あなたの半径5mほどにある「身のまわりの小さな不満」の中に隠れています。**そしてそこから大きなヒットを生むポイントは、先ほどの「プラスの幸せ」にあるのです。

例えば、リモコンが家の中でたびたび見当たらなくなる、という不満（不便）があったとします。とても小さな不満ですが、それを解決するには、どうしたらよいでしょうか？

「置く場所を決める」というのも解決策の1つかもしれませんが、モノの置き場所をきちっと決められる整理整頓の得意な人は、そもそもリモコンをなくさないでしょう。ここでは、家の中が常にごちゃごちゃしている、片付け下手な人を想定してください。

僕のアイデアは、「おーい」と呼ぶと「はーい」と答えるリモコンです。「そんなこと？」と拍子《ひょうし》抜けしたかもしれません。でも、意外に便利だと思うんです。小さなモノが家の中でなくなったとき、呼んだら返事してくれたらいいのに、と思ったことはありませんか？スマホが見当たらないとき、他の人が近くにいたら電話をかけてもらって見つけることがありますよね。なくしたモノ自身が反応する、というのは有効な手段の1つです。

ただしここから、さらに「プラスの幸せ」を生み出そうとするとどうでしょう？　例えば、「リモコンが自分で動くことでいつもの場所に戻れないか」とか、「リモコンって、スマホで代替できないかな」といった「問い」に行き着くかもしれないし、さらには「認知症で徘徊《はいかい》の症状がある高齢者が行方不明になったとき、同じような発想で解決できないかな」のように社会的な課題へのアプローチが生まれたりするかもしれません。

現代は、多くの不満が解決された快適な時代です。さらに生活も趣味も多様化しているので、「多くの人」が抱える不満を一気に解決するのは至難の業と言えます。でも逆に、一人が抱える小さな不満の解決が、ＳＮＳを通じて世界で共感される時代でもあります。さらにそこに「プラスの幸せ」が生まれれば、共感や憧れが増幅し、そこに乗っかる企業も現れて、さらに多くの人を幸せにするアイデアへと成長することもあります。おそらく現代では、その「半径５ｍの不満＋プラスの幸せ」こそが、より多くの人を幸せにする鍵だと僕は思います。

２０２１年にAppleから発表され、すでに大ヒットしているAirTagも、小さな不満が多くの人の幸せにつながった商品だと思います。機能としては、タグをつけたモノの位置がスマホから確認できたり、スマホと連動して「音が鳴る」ことでなくしたモノが見つかる（「おーい」と言えば「はーい」と答える僕のアイデアの真似かもしれません〈笑〉）のですが、特筆すべきは、子どもの安全や認知症の方のサポートに使われるなど、「プラスの幸せ」に向けた応用が早くも始まっていること。きっと今後も、さまざまな企業が乗っかり、より売れる商品へと育っていくと思います。

みんなうっすら感じている「隠れ不満」が世界を変える

さて、今の例のように、「身のまわりにある潜在的な不満」、すなわち「誰も解決していないけれど、実は多くの人が抱えている不満」のことを、僕は**「隠れ不満」**と呼んでいます。この「隠れ不満」を解決することができれば、確実にヒットが生み出せます。

ただ、「隠れ不満」は、「自分が何に不満を感じているのか」に気づいていないと、生まれません。「リモコンが見当たらない」は、緊急性のある困りごとなのでわかりやすいですが、「当たり前でしょ」「そういうものだ」と思い込んでしまうと、不満に気がつかず、スルーしてしまうのです。

例えば、昔の自動洗濯機には、衣類に糸くずがつくという難点がありました。ですが多くの人は、乾いたら払って落とせばいいや、くらいに考えていました。洗濯機の開発メーカーも特に策を講じていなかったところ、一人の主婦が洗濯機内に小さな網のようなものを浮かべるだけで糸くずを回収する「糸くず取りネット」を発明しました。

この人はきっと、糸くずがつくことがどうしても不満で、払い落とすのではなく、そもそも洗濯中につかないようにしたい、と考えたに違いありません。その後、この糸くず取りは「クリーニングペット」という名前で商品化されました。

商品としてカタチになると、それまで気に留めていなかった人も「糸くずはできればつかないようにしたい」と思うようになります。そしてこの商品によって生まれた便利さやプラスの幸せ（気持ちのゆとりや自由な時間）にみんなが共感して買うという行動を生んだのです。結果的にこの商品は、口コミで広がり、1年で400万個、トータルで6000万個以上を売り上げる大ヒット商品となりました。先ほどの「ウォシュレット」のように、誰も気づいていなかった不満を発見してヒットを生んだアイデア。まさに隠れ不満から大きく「売れた」一例だと言えるでしょう。

現在は、洗濯機自体に糸くず取りがついて、わざわざ別に用意しなくてもよくなりましたが、多くの人に共通する不満を解決する発明は、その**不満を無視しなかった人**によって世の中に提案され、そして時間がたつと必要な機能として商品に実装されていくわけです。

「それまで気づかれていなかったけれど、実は不満だった」。そんな隠れ不満を解決した例は他にもいろいろとあげられます。

・BBクリーム（下地やファンデーションなど何種類も塗るのが面倒）
・ユニクロのブラトップ（ブラジャーをつけるのが面倒・不快）
・「い・ろ・は・す」などのやわらかいペットボトル（潰して捨てるのに強い力が要る）

これらは、「そういうものだ」と流してしまえるくらいの不満だったので、長年、変わらずにいました。でもあるとき、「これって不満だな、変えられるかな」と考えた人がいたからこそ、ヒット商品が生まれたのです。あなたもぜひ、半径5mの不満をスルーせず、意識するようにしてください。もしかすると大発明が生まれるかもしれません。

アイデアの精度を上げる「3問思考」

たった3回の自問自答で、売れるアイデアが見えてくる

さて、「不満」は売れるアイデアを生み出すための第一歩です。第一歩ということは、二歩目、三歩目があるということ。そう、不満の解決方法を考えるだけでは、ヒットにたどり着かないのです。

不満を書き出すのはアイデアの種を見つけ、さらにアイデアの数を生み出すには有効です。でも、その中で良いアイデアを選ぶのが難しい。そしてそのアイデアをより「プラス」にして幸せを生むなど、ブラッシュアップをするのが、また難しい。

キャッチコピーもそうです。僕は長年の経験があるので、たくさんのコピーを考えたときでもどれがベストなのかすぐわかりますが、新人のコピーライターだと、自分でボツにした案の中に良いものがあったりする。良いアイデアを正しく選び、育てるのは難しいのです。

しかし、実はこれも「型」で解決することができます。良いアイデアは、次の3つの問いに答えるだけで見つけられるし、育てられるのです。僕はこれを**「3問思考」**と呼んでいます。そして**この3つの問いを、「売れ型」の基本として、すべてのアイデア開発に活用しています。**

1. それ、みんなの不満かな?
2. それ、相手はうれしいかな?
3. それ、誰かに話すかな?

実は、この「3つの問い」をクリアしたアイデアは、絶対に「売れるアイデア」になります。つまり、この「3問思考」で考えれば、どんなビジネスでも、「売れるアイデア」をつくることができるというわけです。では、早速、1つずつ見ていきましょう。

「1. それ、みんなの不満かな?」は、**そのアイデアが、多くの人を幸せにできるかどうかを問います。**

①それ、みんなの不満かな？
②それ、相手はうれしいかな？
③それ、誰かに話すかな？

身近な不満と言っても、あなただけが不満に思っているニッチな不満では、商品・サービスとして成り立ちません。「これ不満だな」と思ったときに、まわりを見渡して、同じ不満を抱えていそうな人がいるかどうか考える。そうすることで、アイデアの精度が高まります。

「2. それ、相手はうれしいかな?」は、**そのアイデアが、プラスの幸せを生み、世の中が共感するかどうか**を問います。

高度な技術が応用されている革新的な発明でも、実際には必要とされないことはあります。また、不満が解決されても、幸せに思えないこともあります。そこで自分がユーザーの立場になって「それ、うれしいかな?」と

考えてみる。すると、「うれしくないな」とか「こうすればもっと幸せにできるぞ」と気づくことができるのです。

「3．それ、誰かに話すかな？」は、**そのアイデアが、広く伝えられるかどうか**を問います。

つい誰かに話したくなるような内容でなければ、アイデアは広まっていきません。居酒屋でみんなが話すほどの内容なら最高ですが、まずは、「これならきっと話したくなるぞ」と思えるようなアイデアを目指しましょう。

さて、ここで「はじめに」で触れた「売れ型の木」に、この「3問思考」を書き入れてみましょう（次ページの図）。この3問は「売れ型」の基本だとご紹介したように、売れ型にとって最も重要な「問い」です。この後も常にこの「3問」に戻りながらアイデアを考えることになるので、この木の真ん中にあるというイメージを持って、本書を読み進めてください。

図序―1　売れ型の木①

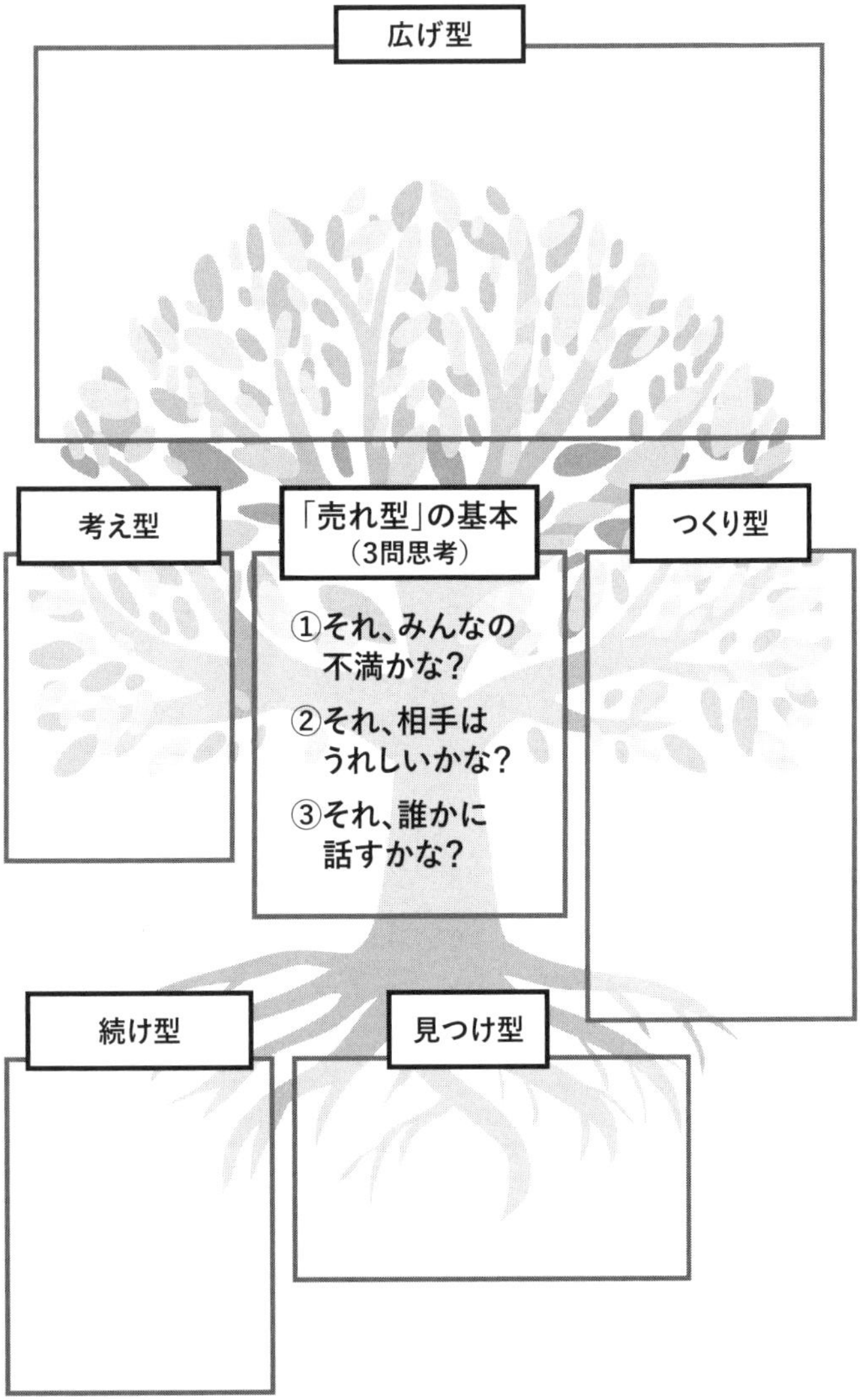
広げ型
考え型
「売れ型」の基本
(3問思考)
①それ、みんなの
不満かな?
②それ、相手は
うれしいかな?
③それ、誰かに
話すかな?
つくり型
続け型
見つけ型

「日本一大きい」だけでは売れない？

それでは、「3問思考」からアイデアを考えて、ヒットに導いたケースから説明しましょう。僕がクリエイティブ・ディレクターとして携わった、2008年開業の「イオンレイクタウン」です。これは、埼玉県の越谷市にある日本一大きなショッピングセンターで、東京ディズニーランドよりも客数が多いことで有名です。つまり「売れている」わけですね。

僕は、クリエイティブ・ディレクターとして案件に関わる際、まず関係者全員に「何が滞《とどこ》っているのか」を聞きます。まさに不満から始めるということです。滞っている部分にみんなの不満があるわけですから、そこを抽出《ちゅうしゅつ》するのです。

このとき集まってきた滞りを一言でまとめると、「この施設がどの方向に向かって進んでいるのか、まだ決定していなくて不安」ということでした。実は当時、すでにどんなショップが入るかといった方向性は決まっていたのに、どういう施設を目指すのかというビジョン（目標）はまだ仮のままだったのです。それはとても珍しく、危ういことでした。

そのとき、仮のビジョンとして聞いたのは、売り文句でもあった「日本最大のショッピングセンター」でした。僕は、「えっ、他にもっと大きなショッピングセンターができたら、その目標も売り文句もなくなりますが、どうするんですか?」と思わず聞いてしまいました。

担当者は沈黙。これはまずいです。事業のビジョンが曖昧なままなわけですから、関係者が悩むのも仕方ありません。

「日本一大きい」がビジョンだと、関係者はそれに向かって動くことができません。ビジョンは美辞麗句《びじれいく》でもお題目でもなく、関係者がその目標にワクワクして、「私はこれに向かって、こうアイデアを出し、こう動けばいいのですね!」と奮い立って動き出す、行動のきっかけになるものでなければなりません。「日本一大きい」だと、何をすればいいのか、どんなお店が必要なのか、どんな内装にすればいいのか……そういったことが決められない。だから困ったことになるわけです。

このビジョンを3問思考で検証してみましょう。

「1．それ、みんなの不満かな?」について考えると、このビジョンのベースとなるべき不満は、「あー、もっと大きなショッピングセンターがあればいいのに！」となります。まあ、こういう不満を持つ人もいるかもしれませんが、あまり大きいと買い物するのに疲れてしまうという人も多そうですから、「みんなの不満」とは言えなさそうですね。

次に、「2. それ、相手はうれしいかな？」。もし、このビジョンで「うれしい」とすれば、「イオンレイクタウンが日本一大きなショッピングセンターでうれしい！」となるはずですが……そんな人、いるでしょうか？　日本一ショップが多いならうれしい人もいるかもしれませんが、大きさは、ショッピングセンターに来るお客さんにとってはあまり関係がないことですよね。

最後、「3. それ、誰かに話すかな？」についてはどうでしょう？　この問いは「あそこのショッピングセンターって、日本一大きいんだって！」と人に言いたくなるかどうかですが、たしかに初めて行った人は、誰かに話したくなるかもしれません。でも、メリットがわかりにくいので、喜んで人に話すほどではないかなと思います。

まとめると、1は△、2は×、3は△。これでは、「売れるアイデア」とは言えません。

たった「2文字」加えただけで、売れるアイデアに変化した！

では、そこで僕が新たに考えたビジョンは何か。それは「日本最大のエ、コ、・ショッピングセンター」です。え、「エコ」が入っただけじゃないか、って？　そうなんです。このエコが、「売れるアイデア」なんです。

まず、ビジョンとして「エコ」を標榜《ひょうぼう》すると、施設のさまざまな事柄が決まってきます。例えば施設の名称。僕はメインとなる2つの巨大な建物に「kaze」「mori」と名づけました。自然をイメージさせる名称がいいと考えたからです。エコがコンセプトでなかったら、A館・B館、ウエスト・イーストなど無味乾燥な名称がついていたでしょう。「エコ」を目指すことによって、館内のカラーも青や緑を多く使うことが決まり、環境に配慮した活動をしている店を積極的に誘致するなどの方針も決まっていきました。

さらに、エコという視点から、当時まだ新しかった「サステナビリティ（持続可能性）」や「インクルーシブ（排他的でなく、尊重し共生する）」という考えを取り込んだ店づくりを目指し、そしてそれをわかりやすく表現した「人と自然に心地いい」という、コンセプトスローガン（お客様へのメリット&行動指針）を作成しました。そして、このコンセプトにしたがって、電力をできるだけ太陽光にしたり、ゴミからアップサイクルしたアート作品を館内に展示したり、さらに、お年寄りや妊婦、肢体不自由の方にもやさしいように、椅子をたくさん設置したのです。

今では椅子が置いてある大型のショッピングセンターも多く見られますが、実は、当時はタブーで、「椅子なんて置いたら、お客さんがそこに居座って買い物してくれなくなる」と反対されるほどでした。たしかに、お客さんを歩かせて買い物させる動線をつくれば、一時的に売上は上がるかもしれません。でも、帰るときには足が疲れてぐったりしてしまう。なんたって、イオンレイクタウンは日本一大きいのですから……。僕は、「疲れた」という思いだけが残って、「また行きたい」という気持ちがなくなってしまう方が損失だ、と考え、椅子の設置を提案しました。実はこれ、「2．それ、相手はうれしいかな？」の質問をもとにした発想だったのです。

さて、ここで「日本最大のエコ・ショッピングセンター」を、3問思考で整理してみましょう。「1．それ、みんなの不満かな？」については、もちろん◯。人間のみならず

「地球の不満」も網羅《もうら》していると言えるでしょう。2006年に製作されたアル・ゴア元アメリカ合衆国副大統領のドキュメンタリー映画『不都合な真実』以来、世間の環境問題に対する意識は高まっていました。当時は今ほどエコ活動が当たり前ではなかったものの、環境に悪いことはしたくないよね、という空気が醸成《じょうせい》されつつあったのです。

次の「2．それ、相手はうれしいかな？」についてですが、エコな施設に足を運ぶことは、電気を無駄づかいしたり、大量のゴミを排出したりする施設に行くよりも、うれしいことだと言えるでしょう。先ほどお話ししたように、現代人の多くは、環境問題に多かれ少なかれ関心がありますし、特に家族連れが強く興味を持つテーマだったこともあり、前向きに受け取られたようです。さらに、「人と自然に心地いい」というコンセプトにより、そこかしこに、お客さんにとっての「うれしい」が生まれる施設になったと思います。

最後、「3．それ、誰かに話すかな？」の答えは、「話す」です。なぜかというと、「エコ」という2文字によって、さまざまな独自施策が生まれ、他のショッピングセンターと差別化されるようになったからです。「kaze」と「mori」という名称もそうですし、スタッフが電動で動くセグウェイに乗っていることも話題になりました。エコ視点のアップサイクル・アートの展示なども行いましたし、湖に見立てた貯水池のまわりには自然を増やし、まさに「心地いい」空間にしたことで、写真に撮ったり、誰かに薦《すす》めたくなる施設となったのです。

だだっ広いだけで、他のショッピングセンターと特に変わりがない施設だったら「あそこ、広かったよ」の一言で終わり。でも、「エコ・ショッピングセンター」にしたことで、人に話したくなる要素がたくさん生まれたわけです。

先ほども触れましたが、このイオンレイクタウンを開発していた2006年頃は、世界的にも「エコ」な施設がほとんどなく、商業施設としてはかなりのチャレンジでした。でも、「それ、相手はうれしいかな?」を考え抜き、実際に触れられたり、楽しめたり、参加できたりする「うれしいエコ」を提示したことで、多くの人に受け入れられました。そして「それ、誰かに話すかな?」の答えとして、他の施設にはないお店を集め、アートなどのオリジナルな体験をたくさん生んだからこそ、「話したくなる」ショッピングセンターになれたのだと思います。

ところで、今はSDGs（持続可能な開発目標）が一般的に広がったことにより、世界的にエコやサステナビリティなどの気運が高まっていますが、これは「売れ型」として非常に大切なチャンスだと思います。なぜなら、SDGsを不満ベースで見れば、世界に17ジャンルの「共通する不満」があり、先進国も途上国も含めたすべての国が、それらを解決しようと、お金やアイデアを集めていると捉えられるからです。

もしこの領域で「それ、みんなの不満かな?」を満たす「不満」を見つけ、解決するアイデアができたら? そして「それ、相手はうれしいかな?」「それ、誰かに話すかな?」に応える提案ができたら? 間違いなく世界的に「売れる」モノやサービスをつくり出すことができます。そして、もちろん世界を良くすることもできる。だから今は、どんな人でも、どんな仕事であっても、SDGsを見つめ、「3問思考」で考えてみるべきだと思うのです。今始めれば、あなたも、半径5mから世界を変えられるかもしれません。

さて、少し話が大きくなってきましたね。でも、「不満からアイデアを生み出し、3つの問いでブラッシュアップする」という3問思考の「型」を身につければ、日々の仕事をうまく進めたり、世の中を変えるほどのヒットを生み出せるようになるはずです。

次章からは、この3つの問いを、1つずつ掘り下げ、売れるアイデアを生み出す「考え型」を実践的に学んでいきましょう。

第1章

売れるアイデアの「考え型」

～不満から幸せを生もう～

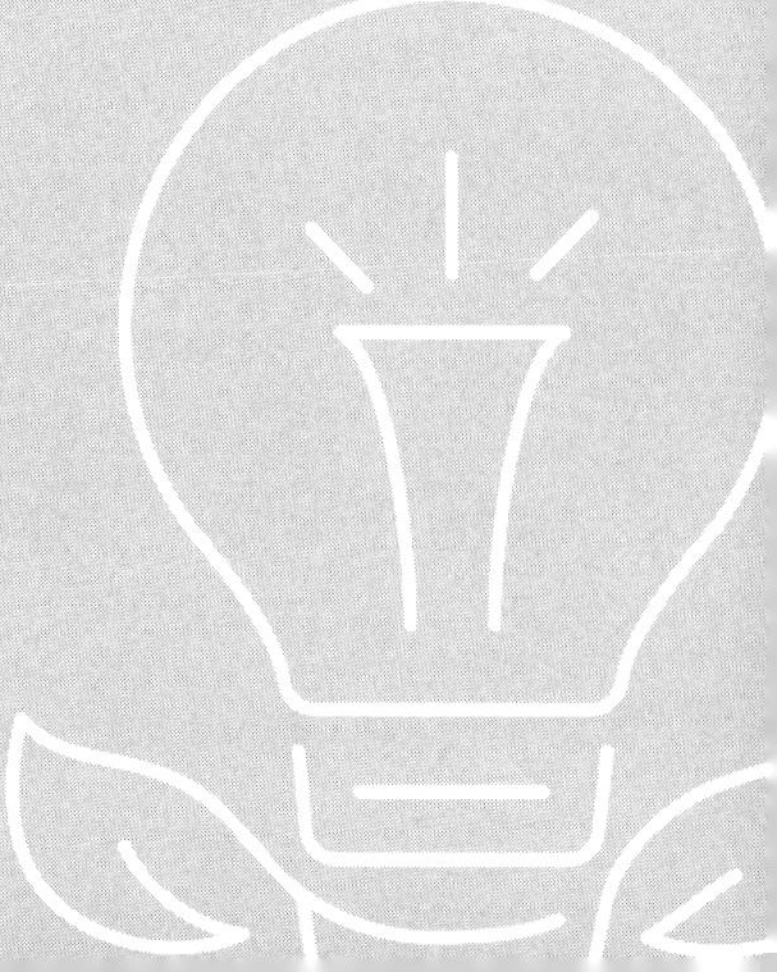

アイデアは「世の中の滞りを解決する発見」

クリエイティブな発想はどんな場面でも必要だ

前章では、アイデアは不満から生まれること、3問思考によってそれらをブラッシュアップすることで、売れるアイデアに変わっていくことをお話ししました。本章では、最初に「そもそもの問い」に立ち返ってみたいと思います。

それは、**「アイデアとは何か?」**という問いです。

「Idea」という英単語の訳は、考え、思いつき、着想、意見、見解などいくつもあります。さらに、日本語の「アイデア」には、これらの訳にとどまらない、いろいろな意味や定義があるように思えます。なので、ここでは僕の定義で話を進めていくことにします。

僕の考えるアイデアの定義は、**「世の中の滞りを解決する発見」**です。

「滞り」は「課題」や「問題点」と言い換えてもいいかもしれません。ここでは滞りを

「うまくいっていないこと」や「漠然とした不満」くらいに捉え、話を進めましょう。

滞りはあらゆるビジネス領域、職種、レイヤーに存在します。僕がよく仕事として関わるのは、「商品開発がうまくいかない」「サービスのユーザー数が増えない」「社内のコミュニケーションが悪い」といった滞りですが、そうしたビジネスに関することだけではなく、家族のような小さな組織から、学校のクラス、公共団体、さらに国全体といった巨大な組織まで、いたるところに滞りはあります。滞っているモノゴトは、既存のやり方ではうまく進みません。そこで新しい発想、すなわちアイデアが必要になるのです。

ここでまず知って欲しいのは、**アイデアはデザイナーや建築家など、クリエイティブなイメージのある仕事だけに必要なものではない、ということです。**

僕が講演などでアイデアの話をすると、「私は総務部で働いているので、アイデアとか関係ないんです」といった反応が返ってくることがあります。でも、総務部にだって滞りはあるはずです。バックオフィスの仕事にも、小学校の教室にも、子どものクラブ活動にも、家庭の行事にも滞っているモノゴトはありますし、それらは、できるだけ解決されるべきものだと思います。つまり、アイデアと無縁な人など存在しないのです。そして、どんな人も、アイデアを出す必要があるということです。

さらに、これからはアイデアの重要性がより増していきます。AI（人工知能）が、さまざまな仕事を代替するからです。AIは過去を学習して正しい判断をし、それらを組み合わせて新しいものを提示する力はありますが、まだ誰も見たことのない、まったく新しい考え方を出すのは苦手です。それは、人間の役割なのです。だからこそ私たち人間には、より強く「アイデア」を出すことが求められるようになるでしょう。そしてそのアイデアこそが、AIと共存しながら、より良い未来をつくる力にもなるのです。


とはいえ、「誰でもアイデアを出す必要がある……なんて言われても、誰もがアイデアを出せるわけじゃない」と思う人も多いと思います。でも、先ほども触れたように、「滞りを解決」するならば、どんなものでもアイデアになります。技術や専門知識がなくてもいい。たった一言が「アイデア」になる場合もあるし、イベントの名前やチラシの文言、絵や詩、さらには歌や笑顔ですらアイデアになるかもしれないのです。だって、滞りを解決するすべての発見が、アイデアなのですから。

アイデアは身のまわりにあふれています。例えば「付箋《ふせん》」。これも今はありふれたものですが、最初は新しい発見だったのです。さらに、針を使わないホッチキスのような身近な必要性からの発明はもちろん、夜道を安全に歩くために服に蛍光シールを貼ることも、病院のアナウンスをわかりやすく変えることも、もちろんアイデア。自分のPCに保存しているファイルの名前を「検索しやすくした」だけでも立派なアイデアです。アイデアは遠くにあるものでも、立派な概念でもなく、すぐそこにあり、誰もが考えられることです。だから、難しく考えず、こわがらずに、アイデアを楽しく生み出していきましょう。

売れるアイデアは「居酒屋で語られる」!?

では、肝心な「売れるアイデア」とは、どういうものなのでしょうか？

僕が広告の仕事をする中でたどり着いたアイデアの理想像は、**「居酒屋で語られるアイデア」**です。

と言っても、場所は居酒屋だけではなく、更衣室でも、休み時間の教室でもいいんです。人が集まって雑談するようなところで、みんなの口の端に上るようなアイデア。今の時代で言えば、ついツイートしたくなるアイデアと言ってもいいかもしれません。

人がおしゃべりしている場では、あれこれ説明が必要な小難しいアイデアは語られません。思わず人に言いたくなるようなおもしろいアイデアでないと、上司の悪口や身近な恋バナ、はたまた芸能人のスキャンダルには勝てないのです。

とはいえ、テレビで話題になるような派手なアイデアじゃないと居酒屋で話題にならないかと言えば、そうではありません。皆さんも経験があると思いますが、「あの新人の発想いいよね」とか「例の場所を店にするとは思いつかなかった」とか「昨日の部長の話、マジやる気出た」という社内の話も居酒屋で話しますし、盛り上がったりもします。やはり、アイデアは規模の大小ではなく、「滞りを解決する発見」であることが大切。その発見があれば、ワイワイしている中でも人々の心を動かし、口の端に上り、会社や家庭、そして社会へと広がっていくのです。

ちなみに、「ブランドとは何か?」という問いの答えも、僕は「居酒屋で語られるもの」だと思っています。例えば、飲み会の席でバッグや化粧品などを見たとき、わざわざその良さを語りたくなるものはまさにブランドですし、「ねえねえ、あのブランドの新しい財布いいよね〜」と、その場に商品がなくてもその良さが語られるようになれば、超一流の

この前の
………
あれさ〜
居酒屋で語られる
アイデアだ！
あっ！

ブランドと言えるでしょう。だから僕は、どんな高級な商品でも、企業の理念でも、国の施策でさえ、「居酒屋で語られる」ことを目指すのです。

　ところで僕は、居酒屋で語られるほど強烈に人を惹《ひ》きつけ、どうしても人に話したくなるアイデアの指標として、**「うんこより強いアイデア」**を目指そうと言っています。何をバカな、と言われそうですが、大真面目です。僕が部下にコピーライティングを教えていたときも、真面目な指導として、まず紙に「うんこ」と書き、それよりも強いコピーを書くように、と言っていたほどです。

　やってみればわかりますが、これが本当に難しい。「うんこ」は、子どもが最も興味を示す言葉です。大人だって、気になって仕方がない。落語家の立川談笑師匠が「生クリームを塗りたくっている人でも、指にうんこがついていると、生クリームそっちのけで、うんこが指についてる人になる」と言っていましたが、たしかにそうですよね（笑）。これほど人を惹きつけるパワーは、「うんこ」以外にはなかなかありません。

だから、「うんこ」より目を引きつけられるコピーが書けたら、まず成功です。「うんこ」よりも強いアイデアがあれば、その商品は、確実に居酒屋で話題になるでしょう。

ちょっと下品な話になりましたが、ここで少し考えてみてください。あなたの会社の商品、サービスははたして、居酒屋で語られるでしょうか。「うんこ」よりも話題を集めるでしょうか。こう聞くと、自信のない声が聞こえてきそうですね。

でも、安心してください。一般の人が居酒屋で話題にするほどのアイデアは、そんなにポンポン生まれるものではありません。ただし、それを目指すことが大事なのです。そして本書を最後まで読めば、そのアイデアのつくり方が少しわかってもらえると思います。

あなたの妄想を「売れるアイデア」に変える方法

さて、アイデアを考えるときに、できる人ほど間違えそうなポイントがあります。それは、**完璧なアイデアを目指してしまうこと**。ここには注意が必要です。

人は、完璧なものにあまり興味を持ちません。興味を持ってもらうには「隙《すき》」が大切。つまり、「ツッコミどころ」をつくる必要があるのです。ツッコミどころがあるということは、誰もが関与できるということですし、つい話したくなるからです。

以前、僕が企画に関わった「プレミアムフライデー」も、わざと「隙」をつくったアイデアの1つです。そもそもは「イノベーション・フライデー」という名前にしようかと思っていましたが、それだと隙がなく愛されないので、あえて誰もが知ってる「プレミアム」という言葉を使い、少し間の抜けたロゴデザインにして、居酒屋で笑ってもらえる「隙」をつくったのです。

このようにツッコミやすいものの他にも、居酒屋で語られやすいアイデアはあります。それは、**「夢のようなアイデア」**です。思わず「ねえ、これすごくない⁉」と興奮してしまうような、ワクワクする未来をつくるアイデアです。

企業や社会にある不満や課題を解決するのはアイデアにとってもちろん大事なこと。でも、世の中のみんなを巻き込むためには、難しい理論をつくったり、苦しみながら解決する方法を模索するよりも、できるだけ楽しくてワクワクしながら、気持ちよく課題を解決するアイデアを生んでいく方がいいと思います。「そうは言っても、あまりに壮大なアイデアだと批判されるんじゃないの？」と思うかもしれませんが、本当に夢のようなアイデアは、「バカじゃないの⁉」というツッコミが生まれる上に、ほんの少しでも実現性が見えれば、一気に人を惹きつけるアイデアになるのです。

実際にそんな夢のようなアイデアが世界を変えている例もたくさんあります。僕が関わっている企業の中でも、２０２０年のグッドデザイン賞大賞（内閣総理大臣賞）を受賞した「ＷＯＴＡ」は特に、ワクワクする夢のようなアイデアをたくさんつくっている企業といえるでしょう。

彼らは、水をテーマにしたスタートアップで、なんと使った排水の98％以上を再生して循環利用できる、小型の水処理装置を開発。水道などのインフラに被害が出ている被災地でも、繰り返し繰り返し、水（シャワーやトイレ）をきれいにして使えるようにしました。

そんな彼らが今、構想しているのは、「持っているだけで水が湧いてくるボトル」。空気さえあれば水をつくり出すことができるという代物《しろもの》です。

これを聞いたあなたは、「え、どうやって水をつくるの?」と思うはずです。そしてもし、その秘密を知ったら、思わず人に話したくなるでしょう。まさに、アニメの世界のようなワクワクするアイデアだから、どんな人でも勝手に話題にしたくなるのです。

じゃあ、「途方もない夢を考えて、それをアイデアにするぞ!」と挑むのが正しいかというと、そんなに甘くもありません。夢のようなアイデアがすべて、売れるアイデアになるわけではないからです。そこで登場するのが、売れ型の基本「3問思考」。そう、ここでまた、3つの質問に戻ってきます。

本章の冒頭で述べたように、世の中の滞りを解決する発見は、すべてアイデアです。だからそれぞれが尊い。でも、それらがすべて「売れる」かと言えば、必ずしもそうではない。途方もない夢に向かって新しい技術が開発されても、実際にそれが「売れる」のか、そうじゃないのかの判定は難しいのです。

しかし、「3問思考」で考えることで、そのアイデアが売れるアイデアかどうか、どんな人でも見極められるようになります。そして、自分の身のまわりでふと見つけたアイデアや、他人から見たら妄想《もうそう》に近いようなアイデアでも、「こうすればもっと売れるぞ!」とブラッシュアップできるようになるのです。

3問思考の具体的ノウハウ

不満と理想は「表裏一体」である

では、ここから「3問思考」を使って、どうアイデアを見極め、ブラッシュアップして「売れるアイデア」にしていくのか、1問ずつ具体的に掘り下げていきたいと思います。

おさらいですが、3問思考とは、次の3つの質問のことを指します。

1. それ、みんなの不満かな？
2. それ、相手はうれしいかな？
3. それ、誰かに話すかな？

まず1つ目の質問**「それ、みんなの不満かな？」**から。前章で述べたように、世の中を動かしてきたアイデアは、すべて「不満」から生まれています。飛行機、電気、テレビ、印刷技術……そういった普遍的な発明も、不満を見つけ、解決しようと努力したことから生まれたのです。

こうした説明を聞くと、「アイデアは不満からしか生まれないの？」「新技術や、誰かの情熱、さらには夢や希望から生まれるアイデアもあるでしょう？」と思うかもしれません。たしかに、新技術から新しいビジネスが生まれたとか、夢や情熱こそがスタートアップのアイデアの源泉なんて話があるのも事実です。

でも、**「これをつくりたい」「これをこう変えたい」といった夢や希望、それを叶えようとする情熱、そしてまったく新しい技術の根底には、必ず不満があります。**先ほど「夢のようなアイデア」と紹介した「ＷＯＴＡ」も、根底には水に関する不満を解決する意識があります。もし、なにもかもがすばらしくうまくいって大満足であれば、そもそも、なにかを変える必要はないし、新しいものを生み出そうという気持ちも起きません。でも、世の中に「すべて大満足」なんて状況はない。だからこそ、その不満をベースにアイデアは生み出し続けられるのです。

ただし、そのアイデアの中でも、売れるアイデアの「考え型」にはいくつかのルールがあります。その1つが「人を幸せにしたい」という情熱です。

ところで、皆さんはポリタンクから燃料タンクに灯油を移し替える際によく使われていた手動のポンプを知っていますか。今はめっきり見なくなりましたが、昭和の時代には、多くの一般家庭で使われていたポンプの部分が赤い、あのポンプです。

あの大ヒット商品、実は発明家・ドクター中松さんの「醤油ちゅるちゅる」という発明品なのです。「醤油ちゅるちゅる」という名前なのは、もともと醤油の移し替えを目的として発明されたものだからです。ドクター中松さんは子どもの頃、お母さんが大きな一升《いっしょう》瓶《びん》から醤油差しへ醤油を移すのに苦労している姿を見ていました。そこで、もっとカンタンにできないのかと、ポンプ式の道具を開発したのだそうです。これはまさに、不満を解決して「人を幸せにしたい」という情熱が実を結んだ実例であり、**売れるアイデアを生み出す「考え型」の1つ**でもあるのです。

考え型① 不満から幸せをつくる

ここまでに何度か、アイデアは不満から生まれると言ってきましたが、正確に言えば、**不満をベースに、幸せな理想へと向かう思いからアイデアは生まれます。**

当たり前といえば当たり前なのですが、**不満はそもそも理想がないと生まれないもの**です。理想がなければ現状に不満を持たないからです。今と理想との間にギャップがあるからこそ不満は生まれる。そして、人は進化したい生き物なので、不満から理想を目指す。そのためにはアイデアが必要となる。それがロジックだからこそ、「不満から幸せを生もう」という「型」が重要となるのです。

ちなみに僕はいつも、仕事をする相手やアドバイスをする人たちに**「不満を楽しもう」**と言っていますし、不満があることは幸せなことだとも話しています。そして、できればみんなが不満を楽しむ意識を持ち、少しでも幸せになった世界をイメージして、みんなで解決できる社会にしていきたいと願っています。

でも、日本人は不満の扱い方が下手です。不満をきっかけにできないどころか、不満について語ることも敬遠されがちです。これでは、未来を良くするための「種」を捨てているのと同じ。本当にもったいないと思います。また、不満を「問題」として扱っているのも問題です。不満を「問題＝悩むもの」ではなく、「課題＝超えるもの」として捉えれば、未来は広がります。そうして不満を楽しむ意識が日本に広がれば、日本人本来の自然と調和する鋭敏なセンスを使って、より時代にマッチした課題解決ができるようになるし、世界をリードするアイデアも見出せるようになると思うのです。

「半径5mの不満」から、世界を動かす「みんなの不満」が見つかる

それでは、先ほどの「不満から幸せを生む」という考え型をベースに、実際にどういう不満を抽出するか、改めて3問思考に戻って考えてみましょう。

すると、「それ、みんなの不満かな?」から考えるわけですが、ここで大事なポイントがあります。それは、**「身近な大切な人の不満に目を凝《こ》らせ」**ということです。

序章で僕は、最初から「大ヒットを生み出すぞ」と構えない方がいい。大きなヒットの種は、身のまわりの小さな不満にある、と書きました。

先述のドクター中松さんは、壮大な夢を描いたわけではありません。身近な母親を幸せ

にしたいという思いから生まれた発見が、みんなが持っていた不満を減らして、多くの人を幸せにしたのです。もし、子どもの頃のドクター中松さんが、「みんなを幸せにしてやるぞ」といったことを考えていたら、「醤油ちゅるちゅる」は生まれなかったでしょう。

全世界の人とは言わないまでも、数十名の幸せを考えてアイデアを生み出すのも、実は、雲を摑むような話です。僕の経験上、一人か二人なら深い想像もできますが、数十人となると意識が分散するので、結果的になんの取っ掛かりも得られず、無為に時間を費やすだけの可能性が高くなります。

だからまずは、自分や大好きな人の身のまわりの不満に目を凝らしてみることが大切です。最終的には「みんなの不満」にたどり着くことも必要なのですが、それはいきなり探してもなかなか見つかるものではないのです。

これは序章でお話しした「隠れ不満」ともつながる話です。隠れ不満というのは、まだ誰も解決していないけれど、実は多くの人が抱えている不満のことで、売れるアイデアは、こうした隠れ不満から生まれると述べました。そしてこの**「隠れ不満」を見つける方法こそが、自分の半径5mの不満に目を向けること**なのです。

「世界中みんなが不満に思っていることはなんだろう？」と考えてしまうと、妄想が膨《ふく》ら

み楽しいですが、どんどん思考が抽象的になってしまいます。だから、そこをぐっと踏みとどまって、半径5ｍくらいの範囲に目を向けてみる。そこに、リアルで、おもしろい不満が隠れています。

このとき、もちろん自分自身の不満であっても良いのですが、「身のまわりにいる大切な人を幸せにしたい」と思うことから、より深い不満が見つかり、より共感できるアイデアにつながることが多くあります。家族や先輩や友人などが困っていることは、「なんとかしたい！」と思うモチベーションが高くなるし、なにより、そう考えると、**自ずと不満と理想がセットになり、良いアイデアにたどり着きやすくなる**からです。

だからまずは、自分以外の、誰か大切な人の暮らし、人生を見つめ、困っていることを「なんとかしたい！」と思うことから始めましょう。そこで強く共感できる不満を見つけられれば、結果的に、多くの人の不満につながっていることが多いのです。

考え型② 半径5mの不満を大切にする

「逆境の不満」と「未来の不満」

逆境こそ「アイデアの宝庫」である

さて、身近な人の不満以外にも、アイデアを生み出す際に大切にすべき「不満」はあります。それが、**「逆境の不満」**と**「未来の不満」**。そのどちらもが、見逃しやすい不満であり、かつ、気づくことができればとても売れるアイデアに変わる不満でもあります。ここではそんな2つの不満について、少し深く話したいと思います。

まず1つ目は、**「逆境の不満」**。逆境は、まさに不満の塊《かたまり》です。しかし、目を背けたくなるような状況のため、不満に目を留めるような余裕はない場合がほとんどです。でも、そんなときこそ不満に目を留めるべきだと僕は思います。

例えば、2020年からのコロナ禍では、全世界が「不満」につつまれました。もちろん、その逆境をただ前向きに楽しめなんて言うつもりはありませんが、ホテルがリモートワーク拠点になり、フィットネスがオンライン講座を始めるなど、世の中の状況が厳しいからこそ生まれた新しいビジネスがあるのも事実。そして、その「逆境」の不満を解決するアイデアは、共感もモチベーションも高く、成功する可能性も高いのです。

例えば、お金がない、仕事がうまくいかない、彼女と別れた、いじめにあっている、差別されている……そうした大変な逆境も、考え方を変えるとアイデアの源泉になることがあります。逆境をはねのけようとすることそのものが、「不満から幸せを生む」型の実践になるからです。

逆境の不満をはねのけ、一躍《いちやく》売れる存在になった一例として、ＡＫＢ48の話をしたいと思います。このアイドルグループは当初、オーディションで選ばれたまったく無名の24人のメンバーから始まりました。プロデューサーの秋元康さんは有名だったけれど、アイドル本人たちの知名度はゼロ。デビュー公演の一般観客は7人という厳しいスタートでした。メンバーはライブのためにビラ配りなどもしていたそうです。

しかし、ＡＫＢ48は、小さな会場でしかやれないことや観客が少ないことなど、本来は不満でしかない逆境を逆手《さかて》にとり、「会いに行けるアイドル」というコンセプトを掲げて、むしろその逆境を先鋭化することで、共感を高め、少しずつファンを増やしていきました。さらに、「ファンと握手会を行う」「毎日公演を開催する」「秋元プロデューサー本人がファンと懇談会を行う」など独自の施策を打ち出していったことで、結果的にアイドルグループとして前例のないほどの成功を掴んだのです。

まさに、逆境にめげず、そこにある不満を糧《かて》にしてアイデアを出し、アイドルとファンの間にあった「隠れ不満」から「隠れニーズ」を積極的に生み出した結果、日本を揺るがすほどのムーブメントが生まれたわけです。

未来の不満に気づけば、社会すら変えられる

もう1つの見過ごしそうな不満は、**「未来の不満」**です。今の不満だけでなく、未来に起こるであろう「不満」を予見すると、とんでもない成功が待っています。

例えば、序章でも触れたGoogle、そしてYahoo!。この2社は、未来の不満を予見して大ヒットを起こした最も有名なサービスと言えるでしょう。まだインターネットが黎明期《れいめいき》ではほとんどの人がネットの存在すら知らない時代。日本ではパソコン通信という方法で一

部の個人同士の通信が始まっていた時期に、アメリカでは将来を見据えた開発が始まっていたのです。

彼らが予見していた不満は、一言で言えば「検索難民」でした。インターネットの時代になると、たくさんのホームページがつくられるけれど、利用者側は「どういうホームページがあるのかがわからないし、見たいページがあっても、どうやってたどり着けばいいかわからない。そんな不満であふれるだろう」という予見でした。

Yahoo!を創業したジェリー・ヤンからの依頼で、Yahoo! Japanを立ち上げた孫泰蔵さんは、当時のことをこう語っています。「当時はインターネットにどれくらいのホームページがあるのかもわからなかった。それを探す検索エンジンがないから、1つひとつ手探りで『ここにあるのでは？』と探していた。それは途方もない作業だった」と。

GoogleやYahoo!は、このような未来を予見して、そこにある不満を見出したことで、世界的なヒットになりました。もしあなたが抱く不満が、将来的にみんなの不満になるようなものだとすれば、それは大きなチャンスになるかもしれません。

ここまで、見過ごしやすい不満として、「逆境の不満」と「未来の不満」を見てきました。しかし、逆境を超え、未来を予見した彼らも、最初は自分たちの半径5m以内にあったリアルな不満に気づき、それを広げていったのです。つまり大切なのは、**自分の半径5m以内にある、今と、逆境と、未来についての不満を探すこと。**大きな野望ではなく、小さな夢想が世界を変える。きっとそれが、世界が進化してきた歴史の本質なんだと思います。

人は誰しも、目の前にあることを受け入れてしまうものです。そして、「これはこういうもの」と考えが固定されてしまうと、小さな不満を見落とし、未来の種を流してしまいます。だからこそ、不満はできるだけたくさん見つける方がいい。そしてその解決方法をどんどん考えることで、不満の発見を習慣づけるのです。そうすれば、小さな不満にも気づけるようになるでしょう。

自動車王と呼ばれるヘンリー・フォードの有名な言葉に「何が欲しいかとたずねれば、人はみんな『もっと速い馬』が欲しいと答えるだろう」というものがあります。馬に乗っている人は、自動車をイメージできない。今そこにない、さらなる便利に人は気づかないのです。でも、ヘンリー・フォードは気づいた。馬では、長距離も走れない。重い荷物も運べない。女性や子どもも乗りにくい。それは普通の人には当たり前のことでしたが、彼は、身近な人々の日々の行動を見つめ、それを「不満」と捉え、動力つきの馬車という考えで払拭《ふっしょく》したわけです。

あなたも、新しい商品やサービスに触れたときに初めて、「こういうサービスは今までなかったな」「そういえば不便だったな」と思ったことがあると思います。僕らが目指すべきは、そんな不満の発見です。誰もがわかっているはずなのに、誰もが見過ごしている不満。そうした「隠れ不満」にいち早く気づけると、売れるアイデアをたくさん生み出せる人になれます。まずは一日一個、なにか不満を見つけ、解決してみることから、始めてみましょう。それが、売れるアイデアに最も早く到達する近道です。

考え型③ 逆境・未来の不満に気づく

一人ひとりに「うれしいかな？」と問う

「みんなに届け」ではなく、「あなたに届け」

次は、２つ目の質問**「それ、相手はうれしいかな？」**を掘り下げて話します。

先ほど、不満をたくさん考えようという話をしましたが、実は、アイデアを生むときに、考えない方がいい不満というのもあります。それは、**「人に対する不満」**です。「あいつのこんなところが不満だ」と考えたところで、なかなか人を変えることはできません。相手の不満を言い続けたら、喧嘩が起こってしまいます。

でも、「性格の合わない同僚と、もっとうまくコミュニケーションをとるにはどうしたらいいだろう」と考えることは良いと思います。これは人に対する不満ではなく、「コミュニケーションがうまくとれないこと」に対する不満だからです。あくまで、不満を考える対象はモノ・コトにしましょう。

では、どうしたらそれらのモノ・コトの不満を「解決策」へと変えられるのでしょうか。その取っ掛かりをつくってくれるのが、「それ、相手はうれしいかな？」という質問です。この質問をすると、必ず相手の想像をすることになるし、その相手の立場で解像度高く、不満の解決方法を妄想することで、本当に喜ばれるアイデアに近づけます。**解決策は空から降ってくるのではなく、相手の喜んでいる姿を想像するところから生まれてくる**のです。

僕のモットーは**「『伝える』から『伝わる』へ」**ですが、これは、「伝える」ことばかり考えると、自分の思いが強くなりすぎて相手のことが頭から抜け落ちてしまうぞ、という戒めでもあります。仕事も人生も、「伝わる」という意識こそが大切なのです。実は、世の中で失敗しているコミュニケーションの多くは、「伝えよう」としすぎることが原因だったりします。もちろん、伝える努力をまったくしないのも良くないのですが、大切なのは、思いを伝えることではなく、伝わること。そのために「相手」を徹底的に想像し、相手の立場に立って、思いが届くために努力することです。届けるのは自分の思いですが、「相手」の立場で考えれば、その思いを届ける方法に「正解」が見えてくるのです。

この「相手」とは、サービスやモノの開発で言うと「ユーザー」になります。広告の仕事で言えば「ターゲット」。その商品やサービスを買ってくれそうな人、メッセージを届けると動いてくれそうな人です。先生にとっての「相手」は学生ですし、講演で話す人にとっての「相手」は聴衆になります。さらに政治でいうと国民が「相手」ですし、国連が「相手」にしているのは世界中の国であり、すべての地球人というわけです。

ここで大事なのは、**「相手」の対象が広がっても、その相手を一人ひとりの人間として考えること**です。広告や放送は、多くの人の塊をマスと呼び、そのマスにコミュニケーションしていますが、多種多様な人がそれぞれの個性を尊重する時代には、この考え方は合いません。これからは、**「みんなに届け」ではなく、「あなたへ届け」**であるべきです。たった一人にでも、強い思いを届けられれば、同じ思いの人に広がり、結果的にマスに広がっていく。一人ひとりを個として捉え、尊重することから未来は始まると思います。

不満をアイデアにするときも、この一人ひとりに思いを馳《は》せることが重要になってきます。その考え方のきっかけになるのも「それ、相手はうれしいかな?」です。もしあなたが良いアイデアを思いついたと思ったら、ぜひこの問いに戻ってください。そうすると、言われてみれば当たり前の落とし穴に気づきます。

例えば、ある企業から発売されたスマート冷蔵庫。スマホで外出先から庫内の温度を調節できるのが売りで、急な来客のために冷蔵庫を急速で冷やしたり、庫内の温度をモニターしてドアの閉め忘れも知らせてくれるスグレモノ。一見、便利そうに見えますよね。

でも、想像してみてください。あなたは出社して自分の席につき、スマホを見ました。そこには、「冷蔵庫のドアが開いています」という通知。家には誰もいません。これ、うれしいでしょうか。全然うれしくないですよね。庫内が常温になって、生鮮食品が悪くなってしまうかも……とむしろ絶望してしまいます。これは極端な例かもしれませんが、このように良かれと思っても、逆に怒りを生むアイデアもあるのです。

でもこれが「ドアを閉め忘れていたら、自動的に閉めてくれる冷蔵庫」ならうれしくありませんか？　その理由は、「相手」の立場に立っているからです。

IoTの時代だから、スマホと冷蔵庫を連動したらうれしいだろう……。そんな、個人の思いを無視した、一方的な技術革新の時代は終わりました。これからは、一人ひとりの立場に立つことで丁寧に考えられた「うれしい！」の発見が大切なのです。例えば、一人暮らしの人や家族を持って働く女性、料理好きの男性、高齢の夫婦など、一人ひとりに思いを馳せて、相手の立場で考えること。まさに、「それ、相手はうれしいかな？」の一言がこれからのアイデアの鍵となります。それがなければ、相手に良さが伝わらない商品や、幸せにつながらないサービスができあがってしまうのです。

相手のうれしさを見極める「2つの方法」

では、どうやって「それ、相手はうれしいかな?」を掘り下げて考えるのでしょうか。

僕は、2つの方法を場合によって使い分けています。

1つ目の方法は、**「RPG(ロールプレイングゲーム)」**。相手の立場に立つことをゲーム化(ゲーミフィケーション)し、ある役柄になりきって生きてみることから考える方法です。

例えば、彼女へのプレゼントを考える場合、まず、あなたは彼女になりきって考えることが大切です。彼女の性格や、彼女が考えそうなこと、好きなもの、生活スタイルなどを想像して、それで「相手はうれしいかどうか」を考えてみる。そうすると、自ずと彼女を喜ばせるアイデアが出てくるはずです。そうすれば、花束を抱えてデートに登場して彼女がドン引きするなんてことも起こりません。自分がやってあげたいことを抑えて、本当に彼女が喜ぶことに行き着けるのです。

ここで大切なのは、アイデアを生み出すときに、**「自分に都合よく考えない」**という意識です。自分に見えているのが「三角」であったとしても、相手が上から見ると「丸」で、他の人には「円錐《えんすい》」かもしれない。これは、思い込みによる間違いですが、このような思い込みは、ビジネスでも人生でも、実は日常茶飯事。特に、自分の企業が生み出したアイデアは特別に見えるので、本当は違うのに「三角」だと思いこむことは多いのです。だからこそ、しっかり相手の立場からモノゴトを見る訓練をする必要があるわけです。

僕の仕事の1つでもある、街づくりにおいても、RPGは有効な方法です。街に何があるべきかを、ビジネス目線や開発目線だけで発想すると、開発する企業に都合よく考えてしまいがち。そうなると、机上の空論になり、本当に必要な施設とは程遠いものを開発したりしてしまうのです。昨今の街開発でよく、古い街並みを壊してデザイン性の高い施設に建て替えたりしますが、あれがまさにそう。あんな開発で本当に、住民から愛される街になるのかは疑問です。

そこでRPGが大切になります。例えば、自分がその街に住む70歳の男性だと考えてみましょう。趣味は散歩。息子たちは独立。妻に先立たれ、最近は週に2回ホームヘルパーに来てもらっている。さあ、街には何が必要でしょうか。いこいの広場？　ゲートボール場？　いっそ足湯？　いずれも「典型的な老人」には大切かもしれませんが、70歳の「私」は、少し前まで企業にいてＩＴに強いかもしれない。大工の技術がすごかったりするかもしれない。アートが大好きかもしれない。

もしそうだとすれば、日和見のおじいちゃんとして扱われるよりも、技術を子どもたちに教えたりする施設の方がいいし、アート施設がある方がいい。また、新しいビジネスを生み出したいかもしれないから、街に若者を呼び込むために古い街並みを活かしたインキュベーション施設や語り合う酒場をつくった方がいいかもしれないのです。

もちろん段差がなく安心な散歩道だったり、買い物がしやすいスーパーだったりは必要かもしれません。でも画一化したお年寄りのイメージで、「やってあげるべきこと」を想定しても、本当の答えは出ません。その街で本当に暮らしている人を知り、徹底的に「相手」の立場で考える必要があるのです。

さらに、５歳くらいの幼児だったら？　その子どもを育てている親だったら？……と、その街に住んでいるさまざまな人たちの立場で考えれば、リアルな不満がわかり、必要なアイデアが見えてくるはずです。ここで大事なのは「なりきって」考えること。相手のために少し想像するだけではなく、頭の中を取り替えるくらいの真剣さで考えてみると、思わぬ発見があるはず。これもまた、売れるアイデアの「考え型」の1つなのです。

考え型④ 相手になりきってRPGする

さて、「それ、相手はうれしいかな?」の問いを突き詰めるもう1つの方法に話を移しましょう。その方法は、**「人生思考」**。相手の人生からアイデアを考える方法であり、実際の仕事で頻繁に使う僕のビジネス必勝法の1つです。

人生思考はカンタンです。まず、課題(不満)をいきなり解決しようとせず、一旦、**相手の人生を考えて答えを出す、**それだけです。考えるべき商品やサービスの横に、「人生」と書いて、眺《なが》めてみるのもいいでしょう。とにかく、**モノやサービスを売ることだけを考えず、「相手の人生をよくすること」を考えるのです。**そうすることで、本当に人々の心を動かし、長期的に売れるアイデアが生み出せるようになります。

図1―1　人生思考

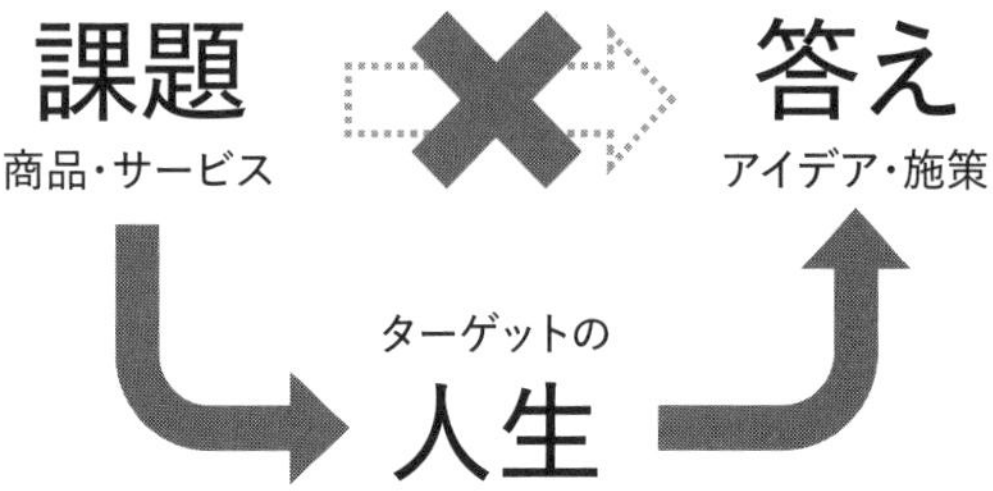

その人生思考から生まれたコピーが、僕が考えた日産セレナのキャッチコピー、**「モノより思い出。」**です。今では、「モノ消費からコト消費へ」と言われ、体験が大事だということは当たり前の認識になっていますが、「モノより思い出。」というコピーが初めて世に出たのは１９９９年。まだまだモノ思考があふれ、体験が大切ということは語られていませんでした。ゆえに当時としては、とても新しい考え方だったのです。

とはいえ、セレナのリニューアルのキャッチコピーを任された当初、僕はモノとしての進化を中心に、競合車種との差別化ポイントばかりを書こうとしていました。つまり、こんなに良くなった、こっちの方が優れているというコピーを考えていたのです。それはまさに、「『伝える』から『伝わる』へ」の、「伝える」ばかりを考える行為でした。でも、競合車種も優れていたので、モノの良さだけでは決定的な差別化ポイントが見つからない。いったいどうすればいいんだ……と行き詰まっていたときに、ふと購入者のことが頭に浮かび、そして思いました。セレナは、家族向けのワンボックスタイプの3列シート車。「彼らは、どんな思いでこの車を買うんだろう」「いったいどんな人生にしたいんだろう」と。これが僕の「人生思考」の始まりでした。

1990年代後半の日本は、大手企業や銀行の倒産が相次ぎ、景気は最悪でした。でも誰もがせかせかと慌《あわ》ただしく忙《いそが》しい。家にもろくに帰らず、深夜まで残業している人もまだたくさんいたのです。世の中には、それがかっこいいという風潮もありましたが、一方で親としては子どもを遊びに連れて行ってあげられていないという罪悪感があった。このめちゃくちゃ忙しいお父さんたちの人生について考えていたら、「モノより思い出。」というコピーが生まれてきたのです。

人生という時間軸で考えたら、子どもと一緒に出かけられる期間は、意外と短いものです。子どもが中学生、高校生になったらもう、休みの日は親とは出かけたがらないかもしれない。その短い期間を仕事に費やし、何の思い出もつくれない人生と、休みは子どもとクルマでいろいろなところに出かけてたくさん思い出をつくる人生。「どちらがいいのか」

ということを考えるきっかけになるようなコピーにしたかったのです。結果的に、このコピーは親世代に強い共感を生み、広告も浸透し、販売台数も飛躍的に伸びました。

これを不満の視点から見れば、「働きすぎて、家族と一緒に過ごせていない」という不満を抱えている人がたくさんいた、ということでもあります。もちろんセレナを買っても、働き方を改めないと、家族との思い出をつくる時間は捻出《ねんしゅつ》できません。でも、家族に対して「一緒に出かけたいと思っている」とメッセージを送ることができる。「セレナがあるから、少し遠出しよう」という意識にもなるかもしれない。間接的に不満の解決になっているのです。

僕の口癖は、「答えは相手の人生の中にある」ですが、まさにさまざまな相手になりきり、相手の人生を深く想像することによって、不満は最高のアイデアに変わるのです。

この人生思考については、第3章「つくり型」でさらに深くご紹介します。

考え型⑤

人生思考で考える

人が話したくなるアイデアの秘密

ストーリーとともに語れば、人は誰かに話したくなる

最後に、売れるアイデアを生み出す3つ目の質問**「それ、誰かに話すかな？」**について話していきましょう。

みんなの不満を見つけ、人にうれしいアイデアを生み出したら、最後に必要なのは、**「拡散」**です。先ほども述べたように、このときの視点は、思わず居酒屋で語りたくなるようにすることです。しかし、そのためにははたして、どうしたらよいでしょうか。

結論から話すと、その答えは、**「ストーリーとともに語ること」**です。

ただし、ここで言う「ストーリー」は、小説などの「物語」とはまるで違います。小説はそれ自体が読み物としての目的となりますが、「ストーリー」は商品が売れることが目的なので、別物です。

僕はストーリーを、**「商品が欲しくなる物語」**と定義しています。つまり広告的な物語ということです。そして「欲しくなる」ためには、それ相応の驚きや発見があるべきだと考えています。先ほど、アイデアにも「発見」が大切と述べましたが、まさに「発見」こそが心を動かす鍵。そして、欲しくなるきっかけとなるものです。

実は、発見があるストーリーとともに語れば、相手がより深く「不満」に共感できたり、より強く「うれしい！」と思えたり、よりたくさんの人に「話したい！」と思えるようになります。特に「3問思考」の3つ目、「話したくなる」というポイントにストーリーは効果的。まさに、良いストーリーがあることで商品やサービスは広がっていくのです。

ところで、商品を売るためのストーリーとして、よく特別な製法（超低温とか長期熟成など）や歴史・伝統（寛政二年創業とか100年継ぎ足しているタレ）などが使われますが、もちろんそれだけがストーリーではなく、「限定」や「ナンバーワン」、「コラボ」、「開発秘話」、さらにはそれを使っている「有名人の本音」などなど……さまざまなストーリーがあります。そこに、RPGや人生思考からの視点が加わると、商品やサービスは一気に自分ごと化し、人に話したくなるのです。

誰かに
話したい…
それは
食べたい！
本日限定
20食!

例えば、僕が広告に関わったサントリーのお茶「伊右衛門」は、発売当初、「寛政二年に創業した京都の茶舗・福寿園がつくった本格的な緑茶」というストーリーがあり、さらにそのストーリーを加速させるために、本木雅弘さんと宮沢りえさんの夫婦物語をCMとして流しました。

普通のお茶と、京都の老舗《しにせ》がつくったお茶。どちらがいいかと聞かれたら、後者の方がおいしそうですよね？　そこにテレビCMで、当時のターゲットが共感する「憧れの夫婦像」のイメージが加われば……、きっと他のお茶よりこちらがいいなと思うでしょう。

実は、この「老舗ストーリー×人生思考から生まれた夫婦愛」が伊右衛門のヒットの理由なのです。

　このように、ストーリーはいろんなカタチでターゲットに伝わり、その人の「選択」に効果的な影響を与えます。ストーリーのカタチに定形はありません。時代によっても、商品によっても変化します。例えば、「有名人の行きつけの店」「1日限定20食」「皇室御用《ごよう》達《たし》」「人気モデルがインスタに上げていた」なんていうのもストーリーとして立派に機能します。ゆえに、あなたがストーリーを考えるときは、まず自分が「それで買いたくなるか？」を考え、さらに「誰かに話したくなるか」という視点からストーリーを追求すると良いと思います。

　ストーリーについては、後の第4章でさらに深く、わかりやすく話します。その際に「型」もご紹介しますので、習得すれば、あなたもすぐに「ストーリー使い」になれると思います。ご期待ください。

考え型⑥ ストーリーで広める

売ろうとするのではなく、売れるものをつくる

僕はこれまで、広告の仕事として、すでにある商品やサービスがより広く世の中に「伝わる」ように、さまざまなストーリーを使ってきました。でもここ数年、その「逆」の流れが起きています。つまり、商品・サービスの開発に「ストーリー」を使うことが増えたのです。

商品開発はこれまで、商品企画部やエンジニアなどの開発チームだけで行うのが普通でしたが、最近は、そこにクリエイターやデザイナー、その分野の専門家など、「ストーリーをつくる側の人」も参加するようになっています。このやり方を僕は**「ストーリー・デベロップメント」**と呼んでいますが、そうすることで、明確にターゲットの不満を解決する商品をつくれたり、時代が求めていることをサービスにできたり、思わず話したくなることを最初から想定して商品をつくったりすることができるようになるのです。

例えば、ロペピクニックという女性向けファッションブランドの「パチパチしない、ポカポカニット」。これは静電気が軽減される糸を使って織られたニットで、冬場にセー

ターを着たときの、あの「パチパチ」する不快感を解決した商品ですが、これも「ストーリー・デベロップメント」で生まれた商品です。

実は、この商品、「静電気を軽減する技術」ありきで開発されたわけではありません。そのニットを着る人の不満に着目し、「パチパチしない！」と喜んで人に話しているシーンを想定して、静電気を軽減する技術を開発したのです。

この開発には前述したRPGや人生思考が使われていますし、「3問思考」で検証しても、3つの質問すべてに答えられます。まさに、ヒットする可能性を織り込んだ商品として世に出たのです。そうして生まれた「パチパチしないニット」は、2014年の発売直後から爆発的にヒットし、現在でもシリーズ商品が発売されるロングセラーとなっています。ストーリーから開発する商品は売れる。その証明になった事例だと思います。

その他にも、ストーリー・デベロップメントで生まれているヒット商品は多数あります。例えば僕が「すごい！」と思ったのは、1998年に相模ゴム工業が発売した「ゴムじゃないコンドーム」。ポリウレタン製のこの商品は、そもそもゴムへの不満の解決や話題性を内包した商品なので、広告をせずとも売れまくりました。他にも「ナイシトール」「サカムケア」「ガスピタン」など、小林製薬の商品は、不満の解決をそのまま商品名にすることで、広がりやすいストーリーを持っていると言えます。

さらに、パンケーキブームを巻き起こした「幸せのパンケーキ」も、あのふかふかのパンケーキと白い粉砂糖、そしてシロップという……、思わずよだれが出て、拡散したくなるビジュアルをストーリーとして持っていることで必然的に広まったと言えるでしょう。このように「拡散する様子」を想定し、逆算して商品やサービスをつくることが、これからの「売れる商品」の1つのカタチでもあるのです。

さて、僕は、不満をもとにして多くの人の共感を呼び、思わず人に話したくなるアイデアで、さらに長く使えるもののことを**「太いアイデア」**と呼びます。それは一発のヒットで終わらず、人々の生活に、長く深く浸透していく「売れる」アイデアです。これが、僕らが考えるべきアイデアの理想形。そして、それを考える際の型となるのが、RPGであり、人生思考であり、3問思考です。皆さんもぜひ、今、手元にある企画書や頭の中にあるアイデアを、これらの「型」で見直してみてください。広告でも開発でも、他のビジネスでも、さらに良いアイデアにグレードアップする発見があるはずです。

図1−2　売れ型の木②

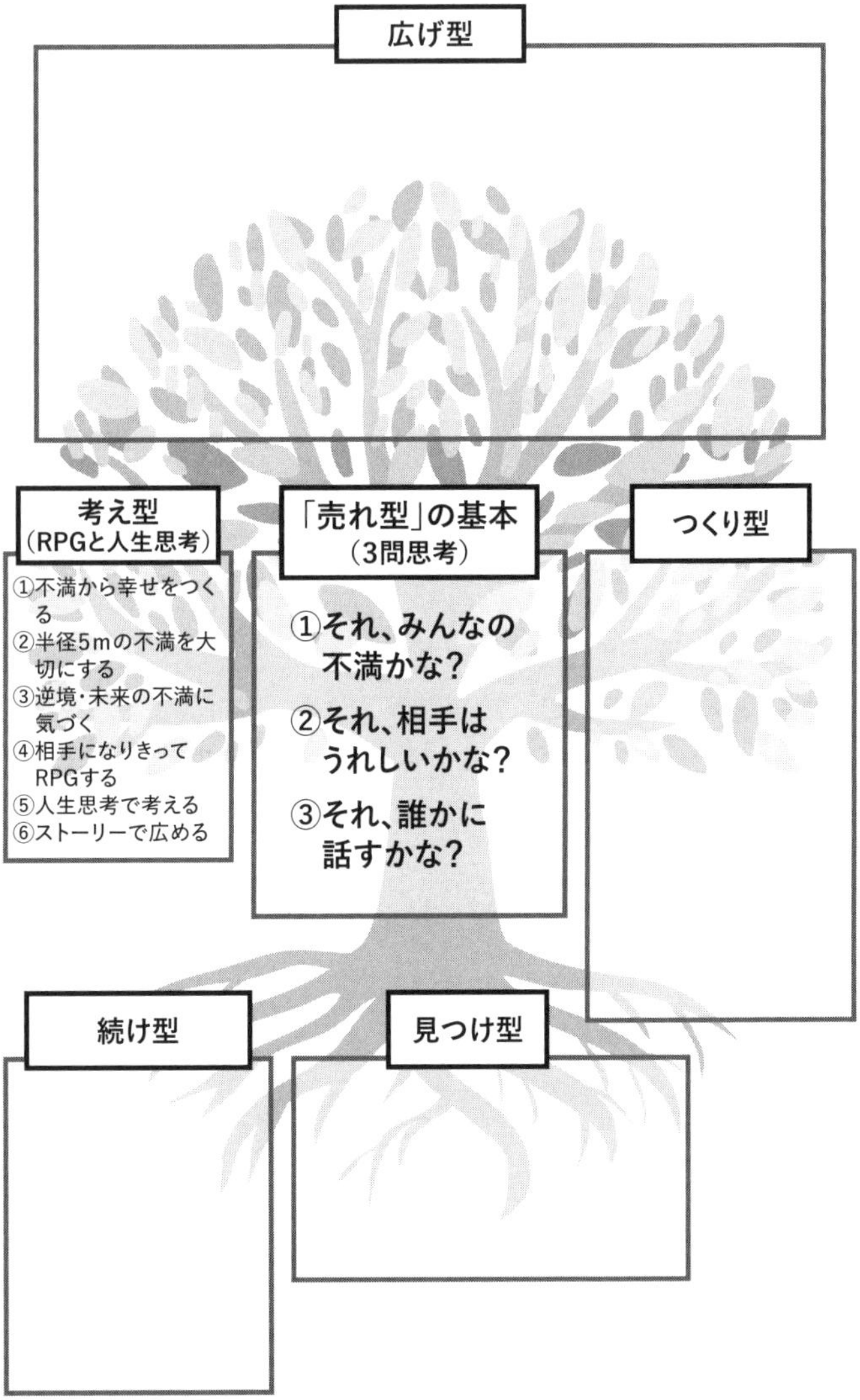
広げ型
考え型
(RPGと人生思考)
①不満から幸せをつくる
②半径5mの不満を大切にする
③逆境・未来の不満に気づく
④相手になりきってRPGする
⑤人生思考で考える
⑥ストーリーで広める
「売れ型」の基本
(3問思考)
①それ、みんなの不満かな?
②それ、相手はうれしいかな?
③それ、誰かに話すかな?
つくり型
続け型
見つけ型

第2章

売れるアイデアの「見つけ型」

〜不満のプロになろう〜

「不満ビンゴ」で不満を分析する

売れるために、「不満の正しい使い方」を知ろう

本章では、「売れるアイデア」の根っこである「不満」をさらに深掘りしていきます。僕が実際の広告や都市開発などの案件で、どのように「不満」を分析し、そこからアイデアを生み出しているのか。実際のビジネスに即して使えるアイデアの「見つけ型」を紹介していきましょう。

アイデアを考えることに慣れていないうちは、なにか1つアイデアをひらめくと、それが一番良いもののように思えてしまうものです。プロのコピーライターでも、なにか1つ良い感じのキャッチコピーが生まれると、そのアイデアに酔ってしまい、他の切り口なんてありえないと思ってしまうことが多々あります。

もちろんアイデアはどれもすばらしいものです。でも、何度も話しているように、すべ

てのアイデアが「売れる」アイデアかと言えば、そうではありません。大きく広がる可能性があるアイデアや小さな課題解決にとどまってしまうアイデア、さらにアイデアに見えるけど何も解決しないものもあります。だからビジネスに発展させる場合は、そのアイデアが「売れるアイデア」かどうか見極める必要があるのです。

ここで必要となるのが、アイデアのもととなっている**「不満」の検証**です。どこにどういうカタチで存在する不満なのか、誰がどう不満に思っているのかなどを深く考えることで、その不満を解決するアイデアへの共感度、すなわち「売れるかどうか？」を測るわけです。これは「3つの問い」の1つ目、「それ、みんなの不満かな？」にまつわる分析ということになります。

本章で紹介するのは、その不満を検証し、同時にアイデアの精度を高めていくための「型」。僕の長年の経験から生まれた、「9種類の不満」のビンゴです。

僕は、「すべてのアイデアは不満から生まれる」と考え始めてから、不満をさまざまな角度から見つめてきました。その結果、**不満には「3つの範囲」と「3つの種類」があるという結論にたどり着きました。**そして、この範囲と種類をかけあわせると、9種類の不

図2－1　不満ビンゴ

	わたし	まわり	社会
機能	1	2	3
機会	4	5	6
気分	7	8	9

満に分類することができます。これを図にしたのが、図2－1の**「不満ビンゴ」**です。

まず、横軸となる**「不満の範囲」**から説明します。不満の範囲には、**「わたし」「まわり」「社会」**の3つがあります。

「わたし」の不満とは、主に「半径5mの身のまわりにある不満」のことです。例えば、「コンビニで売っているおにぎりの包装が開けづらい」「今朝、座った便座が冷たかった」「恋人が欲しいけど出会いがない」「なんとなく将来が不安」「上司との関係がうまくいっていない」など、あなたが日常生活の中で感じている不満は、すべて「わたし」の不満に分

類できます。前にも触れたように、「わたし」が大切にしている家族や身近な友人の不満も、「わたし」の心を痛めるという意味でこの範囲に入ります。特にアイデアの開発に慣れていないうちは、この範囲の不満を考えると良いアイデアにつながると思います。

次に**「まわり」**の不満とは、所属している会社や地域のコミュニティ、さらに暮らしの中で関係している人たちが抱えている不満です。「商店街に元気がない」「街の治安が悪い」「保育園が少ない」「満員電車をなんとかしたい」などの地域の不満や、「男の育休が認められない」「部署間の交流ができていない」「10年以上ヒット商品がない」などの企業の不満がそれに当たります。日々暮らしている動線の中にある不満と考えると良いと思います。

最後の**「社会」**の不満とは、世の中の不満、社会の滞り、さらには国、人類レベルの課題を指します。例えば、「景気が悪い」「就職難だ」「開発途上国できれいな飲み水が手に入らない」「世界平和が実現できない」「地球が温暖化に向かっている」などが「社会」の不満にあたります。

ちなみに、僕が関係した「プレミアムフライデー」はこの「社会」の不満の解決にチャレンジしたものです。社会の不満は、多くの人の不満に当てはまるので、多くの人の心を動かすアイデアにつながります。商品やサービスのアイデアになれば売上も上がるし、大きな社会課題を解決できるようにもなるので、アイデアをつくるときはできるだけ「社会」レベルの不満を解決しようと努力すべきだと思います。

しかし、いきなり「社会」の不満を考えようとしても、地球にやさしくとか、戦争はやめようといった漠然としたアイデアしか思い浮かばないのが普通。これでは、強いアイデアにはなりません。

だからこそ、まずは「わたし」の不満から考えるようにした方がいいと思います。これまでも述べてきたように、「わたし」の不満が一番考えやすく、しかも世界を変えるアイデアも見つけやすいからです。国も世界も、結局は一人ひとりの「わたし」の集合体。大切な人を思う気持ちがつながり、固まって、世界ができています。だから、より大きな範囲の不満に発想を広げていく際にも、一人ひとりの「共感」が大切で、そのためには、「わたし」の不満が強い武器になるからです。

「わたし」から生まれた不満の種が、「まわり」に伝わると、より多くの人が「私もそう思ってた！」と共感し、さらに「社会」へと広がっていきます。逆に言えば、国や街の中の「わたし」や、職場やコミュニティの中の「わたし」の不満を考えれば、自ずと、「自分もみんなも強く思っている不満」へとたどり着けるのです。だから、最初は、「私だけかもしれない」という小さな不満でいいのです。その「わたし」の小さく強い不満こそが、世界を変える種なのです。

ちなみに「3問思考」の1つ目、「それ、みんなの不満かな？」の問いは、「わたし」の不満だけにとどまらず、「まわり」「社会」へと目を向けるための方法です。まずは「わたし」だけの不満でもいいから考え、そこから「みんな」へと広げていく。この意識があるだけで、ビジネスでも多くの人の心を動かせる新しいアイデアにたどり着けるのです。

ビジネスにしやすい「機会の不満」

次は、縦軸となる、**「不満の中身」**について考えましょう。先ほどの「範囲」と同様、僕がコピーライターやクリエイティブ・ディレクターとして28年間考え続けた結果、「不満は、大きく3つの種類に分けられる」という結論に至りました。その「3種の不満」とは、**「機能の不満」「機会の不満」「気分の不満」**です。

1つ目は**「機能の不満」**。これは、技術や仕組みの滞りに対する不満です。身近な例でいうと、「インターネットが遅すぎる」「お風呂がちょうどいい温度にならない」「便座が冷たい」「椅子が疲れる」「両手が荷物でふさがっているとき、車の鍵を取り出してドアを開けるのが大変」といったことです。これらは、すでに企業が改善に取り組んで、解決されていることも多いですね。

「機能の不満」は、不満を考えるとき、最初に頭に浮かんでくる不満だと思います。「不便」「不快」タイプの不満なので、身体的に捉えやすく、気づきやすいのです。序章で例に出した、「ワイヤレスイヤホン」「エアレスタイヤ」「ウォシュレット」などは、「機能の不満」を解決したことによる発明です。

2つ目は、**「機会の不満」**。「知らなかった」「会えなかった」といった、人や商品・サービス、イベントなどとの「出会い」に関する不満です。マーケティング的な不満、と言ってもいいでしょう。

これは、1つ目の「機能の不満」に比べると、直感的には考えにくいかもしれません。でも実はこれも、日常の中に転がっている不満なのです。例えば、先ほど「わたし」の不満で例に出した「恋人が欲しいけど出会いがない」も機会の不満ですし、ドラマの再放送を観て「こんなにおもしろかったんだ。リアルタイムで観ていたらもっと話題に乗れたのに」と思うことも、実は、コンテンツとの出会いに関する機会の不満です。「飲食店のアルバイトを探していてなんとなく近所の店に決めた後、憧れのお店がアルバイトを募集していたことを知った……」なんてこともよくありますが、この「もっと早く知りたかった！」と思うのも、求人に関する機会の不満だと言えます。

ここまで聞いて、これらの不満を解決するサービスが、すでにいろいろとあるな……と思った人もいるかもしれません。そう、実は、**機会の不満は、ビジネスへと展開しやすい**

のです。

採用したい人材や求人との出会いの不満を解決すると、転職サイトなどのサービスが生まれます。タクシーとの出会いの不満を解決しようとすると、タクシー配車アプリが生まれますし、恋人との出会いの不満を解決しようとすると、「Tinder（ティンダー）」などのマッチングアプリが生まれるわけです。

また、機会の不満の解決は事業の種になるだけでなく、広告マーケティングやPRそのものにも深く関わっています。知らせたり、気づかせたりして機会の不満を解決すれば、「売れる」ことにつながります。マーケティングのアイデアとして、機会の不満がもとになることはたくさんあるのです。

捉えどころがないけれど 一番大事な「気分の不満」

3つ目は、**「気分の不満」**。これが一番捉えにくい不満です。「気分的に違うな、嫌だな」と感じる不満。些細《ささい》なもので言えば、「朝から雨でテンションが下がる」といったことは、気分の不満だと言えるでしょう。

　気分の不満の内容は曖昧なものが多いですが、**「一番重要な不満」**でもあります。国や社会に対する不満の多くはこれにあたりますし、新型コロナウイルスに関する不安もここに入ります。世の中の「空気」という言い方もできるでしょう。

　序章で紹介したイオンレイクタウンの「エコ・ショッピングセンター」は、この「気分の不満」を解決するアイデアでした。もちろん、商業施設としてカタチにする過程においては、「機能の不満」や「機会の不満」を解決していく開発も行いましたが、根本にあったのは「気分の不満」の解決。つまり、「環境に悪いことはしたくない」「エネルギーを無駄にしたくない」「廃棄物をどんどん出す施設は嫌だ」といった、みんなの「気分の不満」を捉え、プラスの気分になってもらうためにビジョン&コンセプトを設定したのです。そう、気分の不満は地球環境のような大きな不満にまでつながっていくのです。その他にも「女性が社会で尊重されていない」「若者にとって公平な世の中ではない」「なんだか社会が停滞している」「時代に閉塞感《へいそくかん》がある」と感じるのも、気分の不満と言えるでしょう。

　ここまで話すと、「気分の不満」は社会的なことだから、メディアや行政のような大きな組織には関係するけど、自分には関係ないな……と思う人もいるかもしれませんが、実は、ビジネスをする私たち一人ひとりにとっても、この「気分の不満」を捉えることは大切です。ここをないがしろにすると、みんなから見向きもされない、「時代からズレた」企画や商品をつくってしまう可能性があるからです。

また、気分の不満は、「売れる売れない」を、大きく左右するポイントでもあります。つまり「気分」を見極めることが、売れるアイデアをつくる重要な鍵と言えるのです。

ここで、今、「水」が売れている「気分」について検証してみましょう。ここ数年は清涼飲料水の中でもミネラルウォーターがよく売れて、炭酸入りの水も含めると、水需要がかなり拡大していると言えるでしょう。でもこれを、「ただの流行り」と言って片付けてよいかと言えば、そうではありません。世界の流行やうねりには、**「気づいてないけれど、確実にそれを生み出している気分」**が関係しているので、「ここにはなにか、原因となる気分があるぞ」と考えるべきだと思います。

僕は、この「水ブーム」を生んだ気分として、おそらく、数十年前から世界で始まっている「ウェルビーイング（Well-being）」への関心の高まりがあると考えています。

ウェルビーイングは、もともと1947年に採択されたWHO（世界保健機関）憲章の前文で、健康が次のように定義されたことから始まっています。「健康とは、病気ではないとか、弱っていないということではなく、肉体的にも、精神的にも、そして社会的にも、すべてが満たされた状態にあることをいいます」（公益社団法人日本WHO協会訳）。

この定義から始まった「ウェルビーイング」意識の高まりで、近年は、マインドフルネスやデトックスが流行っているのだと思います。昨今ブームとなっているサウナも、実は、こうした気分が裏にあったからこそ、受け入れられてきたのかもしれません。そして今は確実に、心にも体にも負担をかけず、人間にとって本質的に良いことを求める風潮が高まっています。そこに、以前からある健康志向が加わって、何を飲むかというときに「ただの水」が選ばれている。僕はそう分析しています。

ちなみに、近年、甘い炭酸飲料の売上は下がっていますが、それは炭酸のジュースが「ウェルビーイング」と対極にあり、「余計なものが多そう」「体に悪そう」というイメージがあるからだと思います。

ではここで、あなたがジュース系の飲料を企画する担当者だったら、この気分の不満に対しどうするか、考えてみてください。「健康的な炭酸飲料をつくる」？　たしかにこれも、違和感や意外性を狙える上に、世の中の気分とマッチするので、1つの方向性ではあります。この流れから発想されたのが、数年前に流行した特定保健用食品のコーラでしょう。

ただ、僕ならもう少し踏み込んで考えてみます。「健康的な炭酸飲料」は、「ヘルシーな焼肉屋」のようなもの。もちろん意志の強い人は、焼肉屋に行ってもサイドメニューのサラダを多く頼んで肉を減らすこともできるでしょう。でも、多くの人は追加で肉を頼んでしまいます。さらに、ご飯と一緒にバクバク食べたくなったりもする。なぜなら人は、たまには思いっきり油や糖分にまみれたものを食べたくなるからです。

つまり、心と体にいいものが流行る一方で、人は、「たまには無茶したい」という欲求も持っているということです。「カロリーのことばかり気にするのはめんどくさい」「なんだか窮屈でつまらない」というのも、実は、「気分の不満」なわけです。

だとすれば、ウェルビーイングの「逆張り」をしてもう一方の不満を捉え、例えば「昔懐かしい甘みの強炭酸飲料」を開発すれば、世の中に蔓延する健康志向への「気分の不満」を抱えている人に届いてヒットするかもしれない。このような発想だってあり得るわけです。

「伊右衛門」ロングセラーの秘密とは？

大ヒットの理由を３種の不満から考える

ここで、機能・機会・気分、３種の不満すべてを解決して大ヒットとなった商品を紹介しましょう。サントリーの伊右衛門です。

まずはターゲットである「わたし」をメインに、「機能の不満」から説明していきます。伊右衛門が発売された２００４年当時、「わたし」はどんな不満を持っていたのか。それは「ペットボトルの緑茶は（家で淹れた緑茶より）おいしくない」ということでした。

その頃、ペットボトルや缶の緑茶は、殺菌するために１００℃以上で煮沸《しゃふつ》するのが主流でした。自分でお茶を淹れるとわかりますが、緑茶は沸騰《ふっとう》しているお湯をそのまま注ぐと、温度が高すぎておいしく淹れられません。

そこで伊右衛門はおいしいお茶をつくるために、旨味と適度な渋みを引き出す温度で抽出することに挑戦。熱で殺菌をしない代わりに、無菌充填ができる工場をつくったのです。機能の不満を技術で解決した、ということです。また、当時のペットボトルや缶の緑茶は、あまりいい茶葉を使っていませんでしたが、京都の老舗茶舗「福寿園」と提携し、お茶の素材そのものを引き上げたことも、味の向上に寄与しました。

次に、「機会の不満」です。「知らなかった」をなくすために、サントリーの営業・マーケティング部門は何をしたのでしょうか。担当者はペットボトルのお茶が一番売れるのはコンビニエンスストアだと考え、発売日のお茶コーナーに、棚一列、伊右衛門だけをずらっと並べたのです。これは当時のコンビニでは画期的なことでした。新商品は、まず知ってもらうことが大事です。知ったその場で買えたらなおさら良い。コンビニの売り場ジャックは、非常に難しいけれど、良いアイデアだったというわけです。

そして、「気分の不満」。今ではあまり見なくなりましたが、当時は、まだ家や会社で急須を使って丁寧にお茶を淹れる習慣が多く見られました。ただ、一方で、それが少しずつ減ってきているなという気分もありました。とはいえ、「お茶と言えば奥さん／女子社員に淹れてもらうもの」と考える男性もまだまだたくさんいたのも事実（今では、そんな意識は考えられないですが）。つまり、お茶のまわりにある、家庭内や仕事場の関係が変わりつつある時代だったわけです。ＣＭではその気分を摑み、仕事熱心な夫（本木雅弘さん）とそれを支える妻（宮沢りえさん）という「昔の夫婦像」を時代劇風のタッチで描くことで、昔の関係を懐かしむ層の気分に応えたのです。このCMは、中高年の男性だけではなく女性にも好感度が高く、15年以上続く長寿シリーズとなりました。

伊右衛門のリニューアルが成功した理由は「新しい不満」の解決

小規模でシンプルなビジネスであれば、1種類の不満を解決するだけでも十分な成果が得られることがあります。でも、全国で販売するペットボトル飲料のように大規模に展開する商品は、「3種の不満」をすべて解決することが必要になってきます。

ただし、時代が変わると、消費者の「不満」は変化します。つまり、戦略を変える必要が出てくるわけです。ちなみに、爆発的に売れた伊右衛門でも、発売から時間が経ち、戦略の大幅なリニューアルが必要となりました。

機能に関しては、他社もペットボトル緑茶の味を向上させていき、「ペットボトルの緑茶は（家で淹れた緑茶より）おいしくない」という不満がなくなっていきました。また、「緑茶はペットボトルでしか飲まない」という若い世代も増えてきました。そうなると、画期的なおいしさを提供した伊右衛門でも、「前からあるそれなりにおいしい緑茶」という普通の存在になり、コモディティに埋没《まいぼつ》していくわけです。

また、コミュニケーションの部分でも、世の中の気分とずれが生じてきました。世の中全体が、「昔ながらの夫婦像に癒やされる」といった気分ではなくなっていったのです。

ここで、改めて伊右衛門というブランドを強くし、新しいファンを獲得するには、アイデアが必要です。そして、そのもととなる不満は何か、再び考えなければいけません。

ブランドが、コモディティの中の1つとなると、「どれも同じ」という新しい不満が生まれます。さらに、CMなども長年続けると、「いつも同じ」という不満も生まれます。長く続くことと、同じことを続けることは、同じではなく、常に革新し続ける必要があるわけです。ですが、成功事例、成功体験からの脱却は、そうカンタンではありません。

しかし、伊右衛門は、2020年にフルリニューアルして、再び大ヒットとなりました。コモディティから脱却したのです。その背景には、もちろん不満の解決があります。

まず、機能の不満から。先ほど話した「どれも同じおいしさ」になってコモディティ化した味わいを不満と捉え、伊右衛門は、色と味を革新。これまでペットボトルの緑茶では再現できなかった「鮮やかなグリーンとフレッシュなおいしさ」を実現しました。

次に、機会の不満の払拭。美しい緑色が映《は》えるボトルに進化することで、目に留まる機会をアップしています。まさに新しい緑茶のシズルとなり、店頭にズラッと並んだときには誰の目にも鮮やかで、接触の機会をうまく増幅したのです。

最後に、気分の不満に対しては、新しいタレントのＣＭを展開。現代の暮らしと新しい伊右衛門を描くことで、新しい時代にふさわしい、新たなイメージを生み出しています。

このように、商品は常に、時代の不満の変遷《へんせん》を見ていく必要があります。そして、その不満を取り込み、アップデートすることで、売れていく力をアップする必要があるのです。もちろん「変えないこと」も大切ですし、「残すこと」も重要なのですが、世の中の不満の変化を意識し、変わらないために変わっていくことも重要なのです。

現代の日本で見つけやすいのは「気分の不満」

このように実際の商品に紐《ひも》付けて理解していくと、不満の見つけ方、そしてそこからのアイデアへの広げ方がイメージしやすいかと思います。大切なのは、売れることが不満と結びついていることや、不満を考えることが進化に直結すると理解することです。

ただ同時に、今は、「不満を見つけるのが難しい時代」であることも、理解しておくべきでしょう。それは、過去に比べて今の方が、**「わかりやすい不満」が少ない時代**だからです。今の暮らしには、生きていく上で決定的な問題はあまり見つかりません。災害などで一時的に避難したり、停電や断水が起こったり、流通が止まったりすると、途端にさまざまな不満が噴出しますが、それは、毎日の生活がインフラの整備や商品・サービスの活用で快適に回るように進歩してきた証拠。もう十分、私たちの暮らしは改善されてきているわけです。だから、先ほど「最初に頭に浮かんでくる不満」と説明した「機能の不満」ですら、現代の便利な日本で生活していると見つかりにくいのです。

とはいえ、まったく不満がないわけではありません。いまだにたくさんの不満があるからこそ、新しい商品・サービスもたくさん生まれているわけです。ただしその不満は、かなり「細分化された不満」だったりします。だから昔よりも注意深く、意識して「不満」を見つけることが大切なのです。

実は、今の時代は、「機能」より「気分」の不満の方が見つけやすいかもしれません。

例えば、友人に「生活の中で不便／不満なことってある？」と聞くと、その場では「特にないよ」という答えが返ってくることが多いでしょう。「会社が遠い」「コンビニが遠い」などの物理的な不便が出てくることもありますが、これも近年、リモートワークや配達サービスなどで解決に向かっています。

でも、ここで聞き方を変えて、**「なにか悩んでいることはある？」**と聞くと、「家族とうまくいってなくて」「将来のための貯蓄が不安で」「転職しようかどうしようか迷っていて」など、さまざまな悩みが出てくるのではないでしょうか。これは、「気分の不満」につながるものです。

また、**「生活の中で不安なことは？」**と聞けば、「親の老後」とか「子どもの進学」、さらには「給料が上がらない」という答えも予想できます。これも大きく捉えると、社会構造に対する漠然《ばくぜん》とした不満、つまり「気分の不満」です。今、みんなの共感を集め、大きく広がる可能性があるのは「気分の不満」なのかもしれません。

このように、**気分の不満は、悩みや不安という言葉に姿を変えていることが多くあります。**不満がなかなか見つからないな、という場合は、「わたし」や「まわり」への問いかけ方を変えてみるのもいい手だと思います。

実践！ 不満ビンゴの具体的活用法

3×3の9ターゲットで不満をプロットしてみよう

ここまで、不満の範囲と中身について、3×3の基準（「わたし／まわり／社会」×「機能／機会／気分」）で分類できることを述べてきました。それをマトリックスで表したのが、冒頭で紹介した「不満ビンゴ」です。

これは「わたし」だけの不満なのか、それとも「まわり」や「社会」の不満と言えるのか。はたまた、それは「機能の不満」なのか、「機会の不満」なのか、「気分の不満」なのか。これらを整理して考えていくことで、不満が、売れるアイデアに近づいていくのです。

僕の経験上、それぞれのマス1枠1枠の不満を解決するアイデアを思いつくだけでも、十分に「売れるアイデア」になる可能性はあります。しかし、縦と横、一列すべての不満を解決するものになると、より「売れるアイデア」になる可能性が高くなり、さらに9つ

図2−1　不満ビンゴ（再掲）

	わたし	まわり	社会
機能	1	2	3
機会	4	5	6
気分	7	8	9

すべて解決できたら、社会を変えるような大ヒットが見込めます。

とはいえ、メーカーに勤めていて、自社工場の生産効率が悪いという不満を持っている人に、「社会（国や世界全体）」の「気分」の不満を考え、さらに、不満ビンゴの9つすべてを考えてくださいというのは無茶かもしれません。その場合は、工場における「わたし」「まわり」の範囲で、「機能」の不満を考えればいいだろうというのが普通でしょう。

　でも、できれば、そんな場合でも、「社会」の「気分」について少しでも考えてみて欲しいのです。なぜなら、その工場の不満を解決するためのアイデアが、「とにかく人件費の安いスタッフを集める」「廃棄物を大量に出す」など、世の中の気分に沿わない方向に行くのを避けられるからです。前もってそういう危険性のあるアイデアを取り除くためにも、思考実験的に一旦広げてみて、ビンゴ全体の「不満」を考えてみる方が良いでしょう。日々、仕事に忙しくそんなことを考えている余裕がないという人も、頭のどこかでこの不満ビンゴを意識して、一瞬でも、社会や気分まで考える癖をつけて欲しいと思います。それだけでも、不満を解決するアイデアが、現代的にアップデートされるし、社会から叩かれるような間違った選択をしないようになるからです。

不満ビンゴのトリセツ

ではここで、不満ビンゴの9つのマトリックスを使って、「売れるアイデア」を生み出してみましょう。やり方は次の通りです。

1. テーマとなる商品やサービスに対し、「わたし」が感じている不満を書き出す

2．書き出した不満が「わたし」×「機能／機会／気分」の枠のどこに当てはまるかを考える

3．それらを見ながら、別のマスの不満が考えられないか検討する

4．不満がすべて埋まったら（埋まらなければそのまま進めてもＯＫ！）、アイデアにすべき不満をセレクトする

まずはビンゴを見ずに、**「わたし」が、その商品やサービスのまわりで感じている不満をとにかく書き出していきます。**内容はどんなものでも大丈夫です。このときは、とにかく数をたくさん出すことに専念しましょう。

たくさん書けたら、ビンゴを見ながら、**「わたし」×「機能／機会／気分」の枠のどこに当てはまるかを考え、書き込んでいきましょう。**

その後、それぞれの不満を見ながら、**別のマスの不満が考えられないかを検討します。**例えば、「わたし」×「機能」に当てはまる不満を見ながら、それに関連する「機会」「気分」の不満が出てくることもあるでしょう。あるいは、「まわり」や「社会」も同じような機能に対する不満を抱いていないか、といったことを考えて、思いついたらマスに書き込むのです。この作業を実際に行うと、アイデアのもととなる「不満」の質も量も飛躍的に向上します。しかも、思っているよりラクに出てくるので、考えやすいと思います。まさに、ゲーム感覚で考えられるようになるのです。

こうして不満のプロットが終わった後に、それらを解決するアイデアを考えることで、「売れるアイデア」が出てきやすくなります。

さて、概念だと理解が難しいかもしれないので、ここで、ケーススタディとして、プレミアムフライデーの例をあげてみましょう。

「月末金曜は、ちょっと豊かに。」このフレーズを掲げ、2017年にスタートした「プレミアムフライデー（以下、プレ金）」は、月末金曜の午後3時で仕事を終え、その後の時間で消費を活性化しようというキャンペーン。日本政府と経済界が大々的に提唱したこと と、具体的に「午後3時」という時間を設定したことなどが話題となり、認知度は95・7%、理解度も79・6%と驚異的な数字を叩き出しました。ただ実は、最初から「3時終わり」という施策ありきのキャンペーンではなく、「経済・消費の活性化策を考える」のが始まりだったのです。つまり「3時終わり」は予見ではなく、あとで生まれたアイデアだったわけです。

ではどうしてこのアイデアが生まれたのか？　「不満ビンゴ」から生まれたアイデアの過程を順に追ってみましょう。ちなみに、今回は経済・消費の活性化という国レベルのテーマですが、もちろん「社会」の不満ではなく、「わたし」の不満から考えます。先ほど説明した手順に即して、どんなときでも「わたし」の不満から始めることが大切なのです。

まず、経済活性化やビジネス、消費のまわりで、「わたし」の不満を妄想します。その結果、機能の不満として「給料が安い」「預貯金がない」「働きすぎで疲れている」「部屋にモノが多すぎて買えない」などが出てきました。さらに機会の不満として「忙しくて人と会えない」「趣味に使える時間がない」「遠くに行っても渋滞ばかり」、気分の不満として「職場から帰っても居場所がない」「転職や独立がしたいけど自分にはできそうにない」「お金をためないと将来が不安」といった不満があることもわかりました。

ここで、全体を俯瞰《ふかん》してみます。所属している会社やコミュニティ、そして住んでいる街を範囲とした「まわり」の不満、さらに日本や世界など「社会」の不満を洗い出し、すべての枠を埋めるのです。そうして完成した「不満ビンゴ」が図２－２です。

これが、経済活性化策として「売れるアイデア」を考えるベースになります。あくまで僕の妄想ビンゴなので、内容の正誤についての議論はご容赦ください（笑）。でも、実際、個人から不満を考え始めることで、企業や国のレベルでも考えやすくなるし、イメージではなく、リアルな不満解決のアイデアを生むことができます。もちろんこれ以外にも不満はたくさん考えるべきですが、一度、ここで「アイデアにすべき不満」をセレクトしましょう。

まず、この中で、国の施策ではいかんともしがたいものを抜きます。不満ビンゴではこのように、一旦全体を見てから、「解決できない」「解決する必要がない」と思えることを抜いていくことで、本当に解決すべき不満を見つけていきます。

例えば、図の1、2、8は改善すべきことですが、主に、家庭の状況や地域の意識、企業内の方針の不満がメインなので、国からの施策ではスピーディーに効果を出しにくいと僕は考えました。次に、3の税制や財源の話、さらには日本の技術分野の活性化なども直接変えるのは難しそうです。9の幸福度や国としての「誇り」の向上は、もちろん目指すべきことですが、直接的に向上するのではなく、成功事例や豊かな暮らしの実践など、事実が生まれてから間接的に向上するものと考え、今回の施策から外しました。すると、4、5、6の機会の不満と、7の気分の不満が残ります。

図2―2　不満ビンゴ（プレミアムフライデーの場合）

	わたし	まわり	社会
機能	1 給料が安い 預貯金がない 部屋にモノが多い 働きすぎ	2 会社の業績が不振 給与カットもやむを得ない DXや新規事業に参入できない	3 消費税アップで国民は疲弊 国の財政破綻の回避は急務 AIやデジタル分野での新しい技術の遅れ
機会	4 忙しくて誰かと会う時間がない 趣味に使える時間がない 遠くに行っても渋滞ばかり	5 学びたいけど学べる機会がない 人の交流が少ない 商店や企業が盛り上がるイベントがない	6 世界に比べて日本は働きすぎ 新しいビジネスが生まれにくい 日本の良さを世界にアピールできていない
気分	7 職場から帰っても居場所がない 転職や独立がしたいけど自分にはできそうにない お金をためないと将来が不安	8 会社も地域も暗いニュースが多い 新しいことをしないと社員は疲弊する 未来に向けた打ち手がわからない	9 日本に自信が持てない 幸福度が世界でも低い 世界的に見ても働き方の改革が必要

これらのいずれか、もしくは一列の不満を解決するアイデアが見つかれば、そこに経済活性化のきっかけがあるかもしれない……。そう考えた結果、行き着いたのが、「『機会の不満』の解決こそが経済の活性化につながる鍵ではないか?」という仮説でした。そして、その仮説から、解決の緒となる1つの共通点が見えたのです。それが、**「第三の時間」の創出で不満を解決する**というアイデアでした。

欲しいものを買ったり、観たかった映画やアートを見に行く時間。仕事に追われず家族と一緒に過ごせる時間。自己研鑽《けんさん》や自己投資を気兼ねなくできる時間。一度仕事に出ているからこそ、家族に気兼ねなく自由に使える自分の時間。企業が新しいアイデアのために社員に副業を勧められる時間。そして、商店や企業が、商品を売るきっかけとなるイベントをつくれる時間。そういう「第三の時間」が創出できれば、経済も回るのではないか?それが僕らの見つけた緒でした。そして、これこそが、プレ金を世の中に広めたアイデア、すなわち「売れるアイデア」の原型となったのです。

時代に合ったアイデアを生み出すための不満の選び方

さて、ここまで話した「売れるアイデア」へのプロセスのうち、先ほどの「不満の取捨選択」はなかなか難しいと思います。でも、不満に見込みがないと、そこから生まれるアイデアが良いものにならないのも事実。そこでここからは、その「不満の取捨選択」をどうやって見極めるかをお話ししたいと思います。

不満は、時代によって変わります。数カ月前には満足していたことが、今はもう「不満」になっているかもしれない。例えばスマートフォンが発売された当時は、それが手に入っただけで満足だったけれど、スマホを持っているのが当たり前になってくると、「すぐバッテリーがなくなる」「通信制限がかかる」「動画がサクサク進まない」など、使っていく上での不満が目につくようになってきます。これは、使い方が多様化・複雑化して機能の不満が生まれてくるということです。

では、このように、不満が時代とともに変わるなら、いったいどんな基準で「売れる不満」を選ぶのが正解なのでしょうか。その答えは**「ビジョン」**にあります。

ビジョンという言葉は、ビジネスパーソンなら一度は聞いたことがあるでしょう。よく「ミッション、ビジョン、バリュー」などのようにセットで語られますね。しかしほとんどの人は「自分たちには関係ないもの」と思っているかもしれません。でも、このビジョン、私たちの日々のビジネスに欠くことのできない大切なものなのです。

多くの人は、ビジョンについて、国レベルの活動や企業のプロジェクトなど大きなことにだけ必要なものと思うかもしれませんが、実は、数カ月ぐらいのプロジェクトはもちろん、数週間のタスクフォース、部署内の売上アップ、さらには、日々の小さな商談から、家族の揉《も》め事の解決、友人とうまくやる秘訣《ひけつ》などにも、関係があるものです。

僕の考えるビジョンの定義は、**「ワクワクできる未来」**です。家族でも学校でも、もちろん会社内でも、みんな、良い未来にしたいと願っていますし、そのための理想のようなものも持っています。その中でも、「そうなるとすごくいいな!」とか「なんだかワクワクするぞ!」というように、強い共感が生まれる未来像は、強いモチベーションとなります。それこそがビジョンです。

ビジョンは、北極星のように目標となるので、大きな意味でビジネスの方向性を示してくれます。また、日々判断に迷ったときの指針にもなるので、判断を間違わずに進むことができます。例えば、お客さんをたくさん集めて売上を上げるために、50%オフセールを企画したとしましょう。この企画はもちろんお客さんも来るし、売上も上がります。でも、もし、ビジョンが「高級ブランドになる」ことであれば、そういった「安売り」はやってはいけないものになります。

ビジネスも人生も、判断の繰り返し。そしてそのときに迷ったり間違ったりしないように、あらかじめしっかりと考えて未来を描き、日々、それを指針として判断するのが大切なのです。そしてそのためには、日本ではまだあまり必要だと思われていない「ビジョン」が重要になるのです。

さて、先ほどの不満ビンゴの話に戻りましょう。たしかに「どの不満を選ぶか？」は難しい問題に見えますが、それは実は、ビジョンが見えていないからです。ビジョンがあれば、それが指針となり、**どの不満を解決すれば、あなたの描く未来に近づくことができるかが判断できます**。つまり、未来にとって正しく、しかも売れるアイデアにつながる「不満」が選び取れるわけです。

ちなみに「プレ金」のビジョンは、単に経済を活性化するというものではなく、「人々が豊かに暮らしながら、経済が活性化する」というものでした。ゆえに、豊かさにつながらない不満の解決を選ばず、豊かになりそうな不満からアイデアを生み出したのです。結果的にそれが、売れる（広がる）施策となりました。

もしあなたが今、ビジネスで扱うべき不満がたくさんあって迷っているなら、まずビジョンをつくり、「それで世の中はより良くなるのか」という問いを考えてみましょう。ビジョンは、未来を見据えて設定されています。だから、時代遅れの不満も、選ぶ必要のない不満も、ビジョンに合うかどうかで選別することができるでしょう。

とはいえ、ビジョンに即して「売れる不満」を見出すためにも、まずはその前提となる「不満」を集め、整理することが大切。その意味でも、不満ビンゴは、売れるアイデアのために重要なプロセスというわけなのです。

「アンラーン」が隠れた不満に気づく鍵

本章では、売れるアイデアにたどり着くための、不満の検証（不満ビンゴ）やそこから

「売れる不満」を選び取るための「ビジョン」の重要性などを話してきましたが、ここで「不満」を武器にする上で最も大切なことをお話ししたいと思います。それが、第1章でも説明した**「習慣化」**です。

「売れるアイデア」を生むためには、毎日1個、不満を見つけようとする習慣が大切です。どうでもいいと思える不満や、些細な不安を丁寧に拾っていくだけでも良いです。半径5ｍの不満に向き合うことが習慣になれば、誰もが「売れる不満」に気づけるようになり、「売れるアイデア」を生み出せるようになります。

最初に紹介した「パチパチしない、ポカポカニット」も、「ニットを着るときにパチパチするのが不快」という半径5ｍの不満を拾って開発されたものでした。会社の会議などで、「ニットの売上を上げる施策」を考えていたら、見つからなかった不満でしょう。「わたし」の不満を掘り下げた結果、隠れた不満が見つかり、ヒットにつながったのです。普段から「不満」に向き合っていなければ、「些細」すぎて無視してしまうものだったと思います。まさに、不満を見つける習慣化こそが、売れるアイデアのベースなのです。

さて、「売れる不満」を見つけるために、日々の不満収集以外に僕が実践していることがあります。それが**「アンラーン（Unlearn）」**です。学ぶという意味の「Learn」に否定の意味を表す接頭辞「Un」がついた言葉で、「脱学習」とも言われます。これは、学んだことや身についていることを、一旦リセットするという意味の言葉です。

子どもたちはスポンジのように新しいことを学んでいくのに対し、大人はなかなか素直に学ぶことができません。これまで身につけた知識や経験が邪魔をしてしまうのです。大人が新しい学びに取り組む前には、学びの阻害になる「思い込み」を捨て去ることが必要。それがアンラーンです。

「売れる不満」を見つけるときも、自分の価値観や思い込み、さらには、成功体験が邪魔になることがあります。「そんなことは当たり前」「こうやって成功した」を信じ込むと、不満に気づけないのです。だからこそ、まずはこれまでの経験や常識は脇に置いておき、まっさらな状態で不満について考えてみようとするのが大切なのです。

ところで、これまでに身につけた常識は、売れる不満を見つけるときだけではなく、「不満からアイデアを生み出す」際にも足を引っ張ります。問いの立て方を根本から間違う可能性があるのです。

例えば、「東京の通勤ラッシュがひどい」という不満があり、それを解決するアイデアを考えるとします。2016年当時、小池都知事は「2階建ての電車をつくればいい」と提案しました。これは一見、画期的なアイデアに見えます。

しかし結局、実現しませんでした。実現しても、混乱や遅延を招いて通勤ラッシュは解決されなかったのでは、と言われています。滞りを解決する発想ではなかった。つまり、良いアイデアではなかったのです。

「2階建ての電車」の何がいけなかったのか。それは、「通勤するのが当たり前」という常識にとらわれていたことです。通勤ラッシュを解決したいならば、輸送能力を強化するのではなく、そもそも電車に乗る人を減らせばいい。そこから、テレワークの推進という方向性が見えてきます。

はからずも、新型コロナウイルスの感染拡大で半ば強制的に在宅勤務が推進され、一時期は朝の時間帯でも電車が空いていました。通勤ラッシュは解決できることが証明されたわけです。こうした根本的な問い直しをするためには、アンラーンが必要になります。ぜひ、実践してみてください。

さて、本章も最後になったので、売れ型の木の根っこに、今回説明した「見つけ型」を入れ込みました。残すは、「つくり型」と「広げ型」と「続け型」。次章では、その中の「つくり型」についての考えを深めていきたいと思います。

図2―3　売れ型の木③

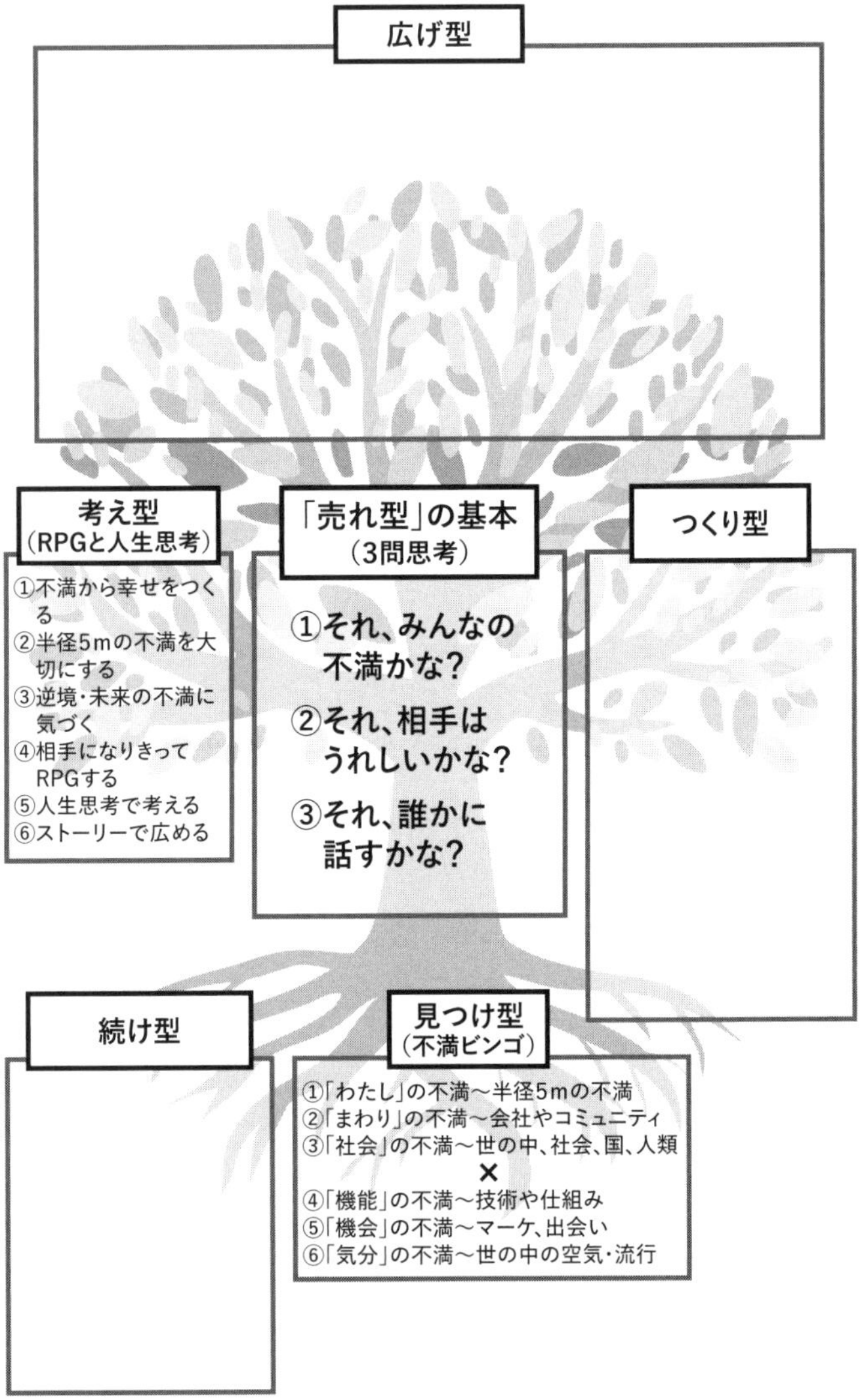

広げ型
考え型
（RPGと人生思考）
①不満から幸せをつくる
②半径5mの不満を大切にする
③逆境・未来の不満に気づく
④相手になりきってRPGする
⑤人生思考で考える
⑥ストーリーで広める
「売れ型」の基本
（3問思考）
①それ、みんなの不満かな？
②それ、相手はうれしいかな？
③それ、誰かに話すかな？
つくり型
続け型
見つけ型
（不満ビンゴ）
①「わたし」の不満～半径5mの不満
②「まわり」の不満～会社やコミュニティ
③「社会」の不満～世の中、社会、国、人類
×
④「機能」の不満～技術や仕組み
⑤「機会」の不満～マーケ、出会い
⑥「気分」の不満～世の中の空気・流行

第3章

売れるアイデアの「つくり型」

～アイデアは人生のそばにある～

その「課題」は、本当の課題なのか？

「当たり前を疑う」ことから課題化は始まっている

序章では「それ、みんなの不満かな？」「それ、相手はうれしいかな？」「それ、誰かに話すかな？」という「3問思考」をクリアしたものが良いアイデアだという話をしました。続く第1章では、「RPG」や「人生思考」といったアイデアのベースとなる「考え型」を、そして第2章では、「不満」の分析法について掘り下げ、「不満ビンゴ」などのアイデアの「見つけ型」について話をしました。

本章では、いよいよ**「売れるアイデア」のつくり方**を紹介していきます。これは2つ目の質問「それ、相手はうれしいかな？」と直接リンクしています。相手がうれしくなるアイデアを、どうやって生み出すのか。僕が普段の企画や広告の仕事で使っている思考法を、皆さんに伝授しましょう。

ここまで「すべてのアイデアは不満から生まれる」とお伝えしましたが、先ほども述べたように、どんな不満でもいいというわけではありません。アンラーンして既存の考えを取っ払いながら、ビジョンに即して「売れる不満」を選び取るべきです。売れる不満が選び取れていれば、それを解決しようとするだけでも、良いアイデアが生まれます。逆に不満を吟味せず、曖昧なまま闇雲にアイデアを生み出そうとすると、アイデアが四方八方に拡散してまとまらなかったり、「欲しかったのはそれじゃない」という商品を開発してしまったりするのです。

例えば「会社の経営状態が悪い」という漠然とした不満のまま、それを改善しろと言われたらどうするか考えてみてください。ヒット商品を生み出す？　利益率を改善する？　人員をカットする？　いろいろありすぎて、何が本当に必要なのかわからないですよね。そう、アイデアを考えるときは、まずしっかりと不満を選び取り、その不満をどうしたいのかまで決める必要があるのです。

これらを決める指針が、前章で触れた「ビジョン」ですが、その指針を踏まえつつアイデアを生み出すためには、もう1つやるべきことがあります。それが「問題」の**「課題化」**です。

どの企業や個人にも「問題」は山積しています。その問題をそのまま放置すると、ただの「愚痴」や「悩み」として蓄積するだけですが、その中から必要な「問題」を選び取り、未来のビジョンに沿って**「解決すべき課題」に変えることができれば、企業内にやる気が生まれ、売れるアイデアが生まれる企業へと生まれ変わります。**

第1章でも、不満を「問題＝悩むもの」ではなく、「課題＝超えるもの」として捉えよう、と書きましたが、まさに問題を課題にすると、未来への道が見えてくるのです。

ちなみに、広告の仕事は、基本的に「課題の設定と解決」で成り立っています。プロジェクト開始時に行われる、クライアントからのオリエンテーション、通称「オリエン」が「課題の提示」です。そして、「プレゼン」でそれを解決するためのアイデアを出す。広告代理店のクリエイティブ部門の仕事は、この繰り返しでした。

ただ難しいのが、そのオリエンでクライアントや上司から提示される課題が、正しい課題ではなかったり、明確でなかったりする場合があることです。

オリエンの書類に「若い女性向け」として開発された商品が並んでいたとしましょう。でも、その商品は本当に「若い女性が買いたい」ものでしょうか。クライアントが言っているからそうなんだ、と流してアイデアを考えることもできます。でも僕は常に、「本当にそうなのかな」と考えるようにしています。

もしかしたら、すでに流行遅れで女性から見向きもされないかもしれないし、逆に、男性だってその商品を使いたいと思うかもしれない。例えば、乳幼児向け商品のベビーオイルが敏感肌の女性に強く求められたように、商品は、時代の気分や流行、または光の当て方（価値を捉える視点）によっても、まったく違う価値を持ちます。

もし、女性向けの商品であっても、たくさんの男性からのニーズを持つのなら、「この商品は男性にも買ってもらえるようにするべきだ」と課題の設定から変わってくるわけです。それに伴い、当然打つべき施策も変わってきます。

「課題化」するために使う、奇跡のワンフレーズ

課題を設定するためには、まず、問題となっていることを並べていくのが近道です。僕は行き詰まっているプロジェクトを解決するためのアイデア担当として呼ばれることが多いのですが、そういうときは関係者にまず「今、困っていること」をひたすら聞いていき

ます。そう、これまでにも話したように、まずは「不満」を抽出することからすべてが始まるからです。

企業内や家庭内、さらには社会においても、**問題は不満というカタチで表面に出てきます。**不満は、見えない問題を可視化してくれるわけです。ゆえに、潜んでいる「問題」を把握するには、不満を並べるのが最も正しい方法です。「なんとなく嫌だ」くらいの不満もどんどんあげてもらうと、そのプロジェクトにまつわる問題をすべて可視化することができます。そしてその後、第2章で話したように「不満ビンゴ」で整理し、解決すべき不満を選び取るわけです。

では、その選んだ不満からアイデアを生む

には、どうすれば良いでしょう？　その答えとなるステップが「課題化」です。問題を課題にできれば、アイデアが生みやすくなり、企業内のモチベーションもマイナスからプラスへと変えることができます。でも、「課題にする」とはいったいどういうことでしょう？　なんだか厄介そうですよね。

でも実は、とてもカンタンにできるのです。その方法は、**「どうすれば○○○は解決するか？」**と書くこと。これだけ。

問題は単に「困っていること」であり「悩みの種」です。一方、課題というのは「超えるべきテーマ」。「観光地のゴミがひどい」は問題で、「どうすれば観光地のゴミがひどくなくなるか？」が課題です。

必要なのは、**並べた不満をそのままにして悩むのではなく、「どうすれば○○は解決するか？」というフレーズで「課題化」してみることです。**

そうするだけで、アイデアが飛躍的に出しやすくなります。実際にこれまでも、この**「問題の見える化と課題化」**をするだけで、ありとあらゆる会議が活性化してアイデアがたくさん出ました。「こんなにカンタンなのに、なぜやっていなかったのだろう？」と不思議に思う人も多いくらい効果的なので、ぜひこれを機会にあなたが抱えるプロジェクトの課題化をやってみてください。

ビジョンは「大きな課題」へとアイデアを導いてくれる

ところで、問題にも、大きな問題と小さな問題があるように、課題にも大小があります。ここでちょっと厄介なのが、**見かけの重要度と本当の重要度が違うことです。**社長から提示された課題を社員一丸となってクリアしたけど、結局なんの解決にもならなかったという話や、反対に、隣の部署の新人が提示していたテーマから世界を変えるビジネスが生まれたなんて話も、まあよくある話です。

大切なのは、見かけではなく「影響力」。それを見極めることが必要です。多くの人の心に関係する課題を解決すれば、もちろん多くの人に影響するビッグ・ビジネスになります。ここで影響力が大きなものを「大きな課題」とするならば、より大きな課題を解決した方が、当然大ヒットが生まれたり、長期的な解決になったりするわけです（そのために不満でも「まわり」「社会」を考えているわけです）。

また課題には、このような「影響力」の違いだけではなく、「必要性」の違いもあります。解決する必要性が低い（放っておいてもよい）ものから、明日にでも解決すべき重要な課題まで、さまざまなものがあるので、より影響力があり、かつ、より必要にかられた課題を選び出すべきなのです。

つまり、課題の設定にも「見極め」が大切だということです。さて困りました。どうしましょう？　悩みますね。でも、僕の経験上、そのヒントは、第2章で話した「ビジョン」にあります。未来にどういう姿でありたいのか。それを考えていくと、自ずと適切で、影響力のある、大きな課題を設定できるのです。

蔦屋《つたや》書店やTポイントの運営で知られるカルチュア・コンビニエンス・クラブ（CCC）のビジョンは、「世界一の企画会社」です。その意味は「こんな生活はどうですか？」というライフスタイルの提案をして、それを誰もが利用できるインフラにするというもの。ゆえに、CCCが提供しているレンタルサービスも、蔦屋書店も、図書館などの公共サービスも、Tポイントを使ったデータサイエンスの事業も、すべてが「世界一の企画会社」であるために進められているわけです。

これを踏まえると、「店舗の会員数が伸び悩んでいる。どうしたらいいか」といった課題があったときでも、それが本質的な課題なのかを、ビジョンから遡《さかのぼ》って考えることができます。そうすれば、単に店舗の会員数を増加させるための販促企画を実施するのではなく、あえて店舗を減らして、その資金をTポイントをベースとしたデータ事業へ移行したり、蔦屋家電やT‐SITEなど、よりライフスタイルを提案する事業へと移行することも視野に入ってくるわけです。もし違うビジョンであったとすれば、レンタルビデオや書店など、その時点で成功しているビジネスに固執するかもしれません。でもCCCはそうしてこなかった。それはきっと、ビジョンに基づいた判断が常にされているからだと思います。

まず、数ある不満から、「何を解決すべきなのか」という課題を設定し、向かうべきビジョン（ワクワクする未来）と照らし合わせる。これが、売れるアイデアを考える上での必須条件です。課題とビジョンが明確になると、あなただけでなく、プロジェクトメンバーなどのチーム全体が1つの方向性に向かって動き出すことができます。

「人生共感図」で課題が明確になる

「商品・サービス」と「人生」をかけ合わせよ

ここからは、本章のテーマである「つくり型」として、僕が実際に企画や広告のキャッチコピーを考えるときに使っている「型」を紹介します。それが**「人生共感図」**。第1章でもご紹介した「人生思考」を図式化して使いやすくした「型」です。

図3－1（145ページ）を見てもらえばわかりますが、その内容はいたってシンプル。2つの円の一部を重ねたカンタンな図で表せます。ただし、その見た目のシンプルさとは違い、その効果は絶大。この図を使うことで、思いもしなかったアイデアに出会ったことが、これまでに何度もあるし、なにより、世の中に共感される答えが、ほぼ確実に導けるのです。僕はこれまでに担当した「伊右衛門」や「ザ・プレミアム・モルツ」、ドバイ万博の日本館、トヨタの「ＡＱＵＡ」などの広告をはじめ、ホテル開発や街開発においても、すべてこの「人生共感図」をもとに考えてきましたし、これからもずっとこの図を

ベースにアイデアをつくり続けると思います。

第2章で、たくさんの人に強く共感される不満からは、大ヒットにつながるアイデアが生まれるという話をしました。本章の軸になっている「それ、相手はうれしいかな？」という質問も、言い換えると「その人生の中で、共感されるかな？」ということ。人生に即して、「そうそう！」「わかる！」という相手の反応を引き出し、行動につなげるアイデアを生み出すための図がこの人生共感図です。

今の時代はもちろん、過去を振り返っても「商品の情報」だけで売れた商品はまれだと思います。共感されるアイデアを生み出すためには、そこに「人生」についての考察を重ね、その商品でどう幸せになるのか？　どう使うとうれしいのか？　どんな不満を解決してくれるのか？　など、**商品と人々の日々の生活の間に、「幸せな共通点」を見つけること**が必要です。

第1章の「人生思考」でも話したように、日産セレナの「モノより思い出。」というコピーは、商品やサービスについてだけ語るのではなく、それが「人生」にとってどう幸せになるのかの視点を入れてアイデアを考えました。まさにこの「人生共感図」のロジックで考えたというわけです。

図3−1　人生共感図

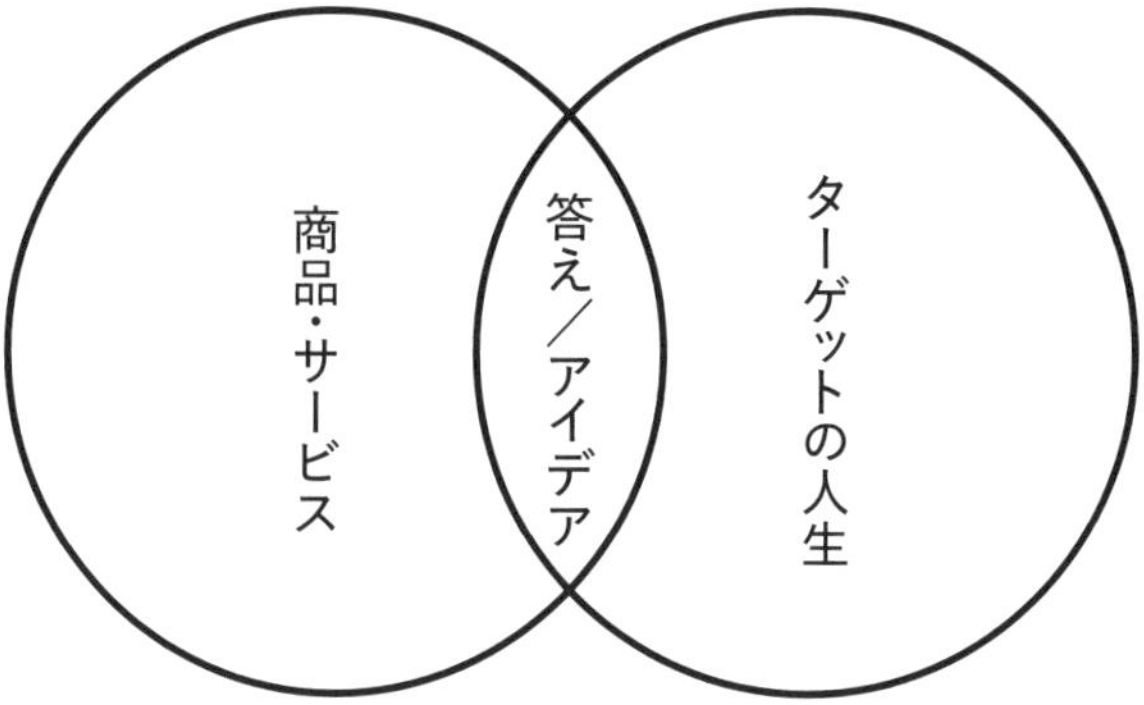

Powered by 人生思考

では、人生共感図の使い方を紹介しましょう。できれば2つの円を実際に紙に描いて、あーでもないこうでもないと考えながら、アイデアを書き入れることをオススメします。その方が、思いも寄らないつながりや発見が生まれやすいからです。

まず、左の円（商品・サービスの円）の中に機能や提供価値などの要素を書いていきます。一方、右の円（人生の円）には、それを使う人、つまりターゲットの立場に立って、その商品のまわりにある不満や本音、心から欲しいと思っていることなどを書いていくのです。特に「不満」を書こうと思うと発想が広がりやすくなります。

「人生」の部分をもう少し噛みくだくと、「毎日の暮らし」や「生き方」、さらには「やりたいけどできないこと」なども書き込むと良いと思います。「モノより思い出。」のときは、家族向けのワンボックスカーを購入する「お父さん」の人生の悩みや本音について考えました。その結果、商品スペックへは言及せず、仕事に忙殺されていたお父さんの「このクルマで子どもと一緒に出かけたい」という気持ちを強く喚起《かんき》するコピーが生まれたのです。

広告は基本的に、商品の良さを広く伝えて売るために存在しています。でも、商品の良さを伝えるだけでは商品は売れません。モノがあふれている今、商品が良いのはある意味当たり前。それだけで訴求しても弱いというわけです。

もちろん、とんでもなく革新的な機能の良さ、例えば今はまだ存在しませんが「1錠飲むと風邪が5分で治る薬」があったとしたら、それを伝えるだけで爆発的に売れるでしょう。実際に、「吸引力の変わらない、ただひとつの掃除機」という画期的な機能を謳《うた》うことで売れた、ダイソンのような例もあります。

でも実は、それらが売れる本当の理由は、「風邪薬を飲んでも長引く」とか「吸引力がすぐ落ちる」という「不満」を払拭するストーリーを内在しているからです。これらは前にも述べた、ストーリー・デベロップメント（あらかじめ話題になることを織り込んだ開発）の商品で、**機能そのものが「人生」と関与している**わけです。

ちなみに、このダイソンのように「ナンバーワンやオンリーワン」のような唯一無二の情報が付けば、さらに人の心を動かし、たくさん売れるようになります。一方、「乗り心地がよい車」「テアニンが多いお茶」「洗浄力の高い洗剤」のように、「ちょっと良くなったレベル」のことでは、人々は魅力的に感じないので売れることはありません。日々の暮らしの不満に関係し、かつ人に言ってみたくなるほどわかりやすい効果でないと、売れる要素になりにくいのです。

商品を開発した側は、「前のモデルよりも数km燃費が良くなった」といった「スペックの改善」を伝えることにとにかく目が行きがちですが、スペックの改善を受け手に「自分ごと」にしてもらうためには、**商品の機能と相手の人生との間に、欲しくなる接点を見つけなければならない**のです。

人はただのスペックに興味がない。「人生」からアプローチせよ

具体的に考えていきましょう。例えばあなたが、とある高級ワインの広告宣伝を任されたとします。飲めば他とまったく違うとわかる、とてもおいしいワインです。

でも、価格は1本1万円。輸入業者が「これは本当においしいんですよ」といくら発信しても、これほど高い値段だとなかなか売れません。

これを、人生共感図の「人生」視点から考えてみましょう。高級なお酒を飲むのは、どんなときでしょうか？

なにかの記念日であれば、少しばかり値段が高くてもいいワインを飲む気になるかもしれません。例えば、20代後半の女性が、母の日に母親と食事に行く。「お母さんとデート。久しぶりの二人の食事で、特別なワインを開けた」というシチュエーションなら、SNSで「いいね！」を押したくなりますよね。この場合、値段が高いことと特別な日をより演出したいという思いの間に、欲しくなる接点があったというわけです。

また、ワイン好きにプレゼントするときには、何年の当たり年で、造り手がどこの誰かという情報こそが欲しくなる接点となり、相手の興味を強く引くことになります。

どちらも、価格や造り手というただのスペックと人生の間に欲しくなる接点を見つけたからこそ、より強い共感が生まれ、より魅力的で「売れる」商品となったわけです。

この例はもちろん個別のものですが、こうして考えていくことで、より強くより広い共感が生まれる接点へとたどり着けるようになります。そうすれば、売り方が難しい商品でも、大ヒットプロモーションが生み出せるというわけです。

ちなみに、「母の日の贅沢ワイン」は、高価格という「機能」の不満や、お母さん孝行をしていないという「気分」の不満、さらには、「わたし」をよく見せたいけど、うまくできないという「機会」の不満を解決していますし、また、人生と高級ワインという商品の間に、プラスの価値（幸せ）を生む接点を見つけたと言えます。ゆえにこれも「不満ビンゴ」と「人生共感図」から導かれる答えなのです。

価格は違いますが、数年前からコンビニで流行している「プチ贅沢《ぜいたく》スイーツ」もこれと同じタイプの商品だと言えます。そもそも「高価」なものが拒否されるはずのコンビニで、「プチ贅沢」が売れている理由は、間違いなく、人生の不満を払拭しているからでしょう。「頑張《がんば》っているのに報われない」という「わたし」の不満を解決する「プチ贅沢スイーツ」は、そのおいしさ（スペック）だけではなく、世間の気分とガッチリ嚙み合ったことで、ここまでの大ヒット商品となったわけです。

企業側がアピールしたくなるスペックは、企業内では魅力的だと思っても、そのままだと世の中の人々の興味を引けないことが多いと思います。でも、人生の側から考えてみると、どこかに「幸せを生む接点」があり、人の行動を促す強い訴求力を持つ可能性があるのです。

「乗り心地がよい車」は「長時間のドライブでも家族みんなが疲れない」かもしれないし、「テアニンが多いお茶」は「仕事の休憩中に一口飲んだお茶がおいしくて思わず笑顔になった」かもしれないし、「洗浄力の強い洗剤」は「お気に入りの服についたシミが、家の洗濯機で1回洗うだけですっかり落ちてすごく幸せ」かもしれません。

諦《あきら》めていた商品やサービスも、人生側からアプローチすれば、新しい光が当たるかもしれないので、ぜひ、トライしてみてください。

究極のアイデア作成法「お団子図」とは？

あらゆるプロジェクトは「スーパー人生共感図」で考えるとうまくいく

さて、人生共感図を使えば、使う側の人生（不満やニーズ）から、商品の新たな魅力を見つけられたり、売れるアイデアを生み出せるとお話ししましたが、1つお伝えしなければいけないことがあります。

それは、今の時代の多様なビジネスニーズに対応しようとすると、人生共感図だけでは不十分になるときがあるということです。

実は、ここ最近、僕の会社に持ち込まれる相談は、広告やブランディングだけでなく、商品やサービスの新規開発や街の再開発、さらには経営状態の改善といった領域にまで広がっています。まさに、**「売れるようにする」**のではなく**「売れるものをつくる」**、ストーリー・デベロップメントが増えてきたわけです。

でもそうした案件の場合は、既存の商品にストーリーを付加する「人生共感図」では当てはまらず、新たにストーリーから商品を生み出すやり方が必要になります。そしてこの領域への対応は、昨今のＤ２Ｃ（製造者がダイレクトに消費者と取り引きすること）の発展に伴い、ここ数年で既存の広告を凌駕するほど拡大し、重要な「売れ型」の１つになると思います。

そこで、この領域のビジネスにも対応できるように、以前から使い続けている人生共感図をパワーアップさせた方法を考えてみました。それが次ページの通称、**「お団子図」**。「スーパー人生共感図」とも呼びますが、この図１つで、不満の発見から課題化、さらに人生と商品の接点の発見もできるようになります。シンプルでかわいい見た目ですが、想像以上にスグレモノで、広告やプロモーションはもちろん、商品開発や街の開発まで網羅できる思考図になっていると思います。

実は、この図には、第１章でご紹介した「人生思考」も、第２章でご紹介した「不満ビンゴ」も入っています。人生の考え方、不満の考え方については、それぞれ各章の説明を見ていただきたいのですが、それぞれの良さを売れるアイデアにつなげる方法としては、画期的な図だと自負しています（笑）。

さて、使い方をカンタンにご紹介していきましょう。

図3―2　お団子図（スーパー人生共感図）

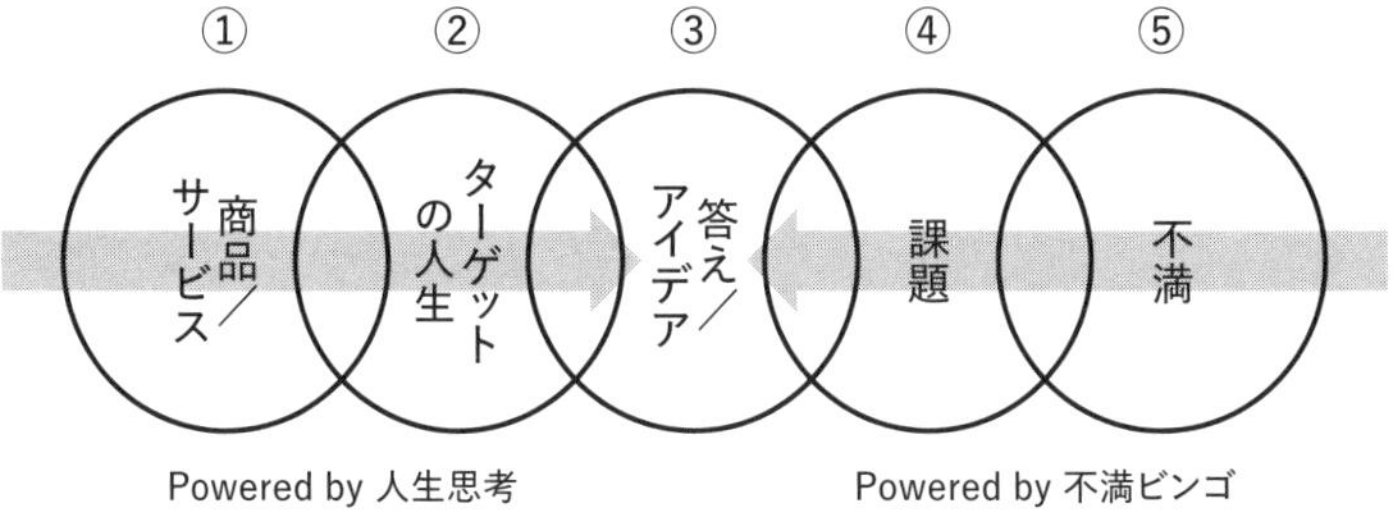

まず、図の左側のお団子①②は、先に紹介した人生共感図の変形で、矢印は考える順序を示しています。すでに商品やサービスが存在している上でのプロモーションや営業企画などを考える場合は、①から考えていきます。

人生共感図では、①「商品」と②「人生」が重なるところにアイデアがありましたが、こちらでは①「商品」の情報を整理し、その後でユーザー、ターゲットの②「人生」について考えて、それらが重なる③「アイデア」を生み出すという順序です。そのとき、右側のお団子にある⑤「不満」→④「課題」も踏まえて考えると、人生の中の不満をベースとして考えやすくなるので、③「アイデア」の共感が強くなると思います。

この順番で考えていけば、自分のアイデアが世の中に共感されるかどうか判断できますし、もしそうではない場合でも、どこを改善すべきか検証することができるので、結果的に共感できるアイデアへと変えられるわけです。

一方、新商品開発やサービス開発などは図の右側のお団子から考えていくと良いでしょう。まず課題となっている商品やサービスに関連する⑤「不満」を列挙して、そこから④「課題」にします。不満はとにかく出しまくってから、「不満ビンゴ」を参照にしつつ当てはめて整理するとよいでしょう。さらにそれらの不満を課題にするときは「どうすれば◯◯は解決するか?」という問いで検証してください。

ただこの場合も、左側の②「人生」の視点も入れるのを忘れないでください。そうすることで、よりその商品やサービスを使う人の人生が幸せになるような課題が設定でき、強く共感できるアイデアを生み出せるというわけです。

例を出して説明しましょう。とある病院のサービスの悪さが問題になっていて、担当者からサービス改善の相談を受けたとします。この場合は、広告やプロモーションではないので、右側から考えるのが基本。まずヒアリングなどを通じて⑤「不満」をとにかくあげていきます。そして、その中で共感性の高いもの、例えば「待ち時間が長い」などをピックアップし、④「課題」化します。

ここで考え得る一番カンタンな課題は、「どうすれば待ち時間を短くできるか」ですが、それが本当に重要な課題ではないかもしれません。ここで左側の②「人生」の視点も入れていきましょう。待ち時間を短くするのは大事ですが、「どうすれば待っている時間を楽しくできるか」とも考えられますし、「どうすれば待ち時間を待ち時間でなくせる（自由な時間にする）か」とも考えられます。長期的な目線で見れば、待ち時間だけではなく病院そのものを良くするためのもっと抜本的な課題解決が必要かもしれません。こうした視点も含めて課題を再設定すれば、より深い視点からアイデアが生まれるはずです。

このように、お団子図を使うことで、ゼロイチ（0からモノゴトを開発すること）が必要な場合でも、既存商品の売上を伸ばす場合でも、精度の高いアイデアにたどり着けるのです。

どんなプロジェクトも「お団子図」で答えが見つかる

このお団子図は、都市開発でのコンセプト開発にも当てはめることができます。例えば、ごみ処理施設跡地の再開発について相談を受けた場合について考えてみましょう。

僕はまずは関係者に⑤「不満」をヒアリングすることから始めます。そうすると、土地の価値が低い、環境が悪い、子どもと一緒に住みにくいなど、いろいろな不満や不安が出てきます。他にもいろいろとあると思いますが、一旦、この3つの不満をピックアップし、④「課題」にします。すると、「どうすれば土地の価値が上がるか」「どうすれば環境を良くできるか」「どうすれば子どもと心地よく暮らせるか」などの「課題」が生まれます。

それを解決するには、どんなアイデアが考えられるでしょうか。例えば、「デザイン性の優れた高層マンションを建てて、広く居住者を集める」というのも解決策の1つです。そうすることで、環境も良くなり、子どもたちも心地よく暮らせるでしょう。でも、それはその高層マンションの居住者だけのメリット。はたして、それで跡地のまわりに住む人たちが幸せになるかどうかは疑問です。

そこで、お団子図の左側の出番です。この土地に住む人々の②「人生」について考えると、地域の集まりや学校での子どもたちの交流も視野に入ってきます。そうすれば、地域の人たちの幸せにも配慮すべきという考えが生まれるでしょう。「開発地域とそのまわりの子どもたちが楽しく遊ぶためには……?」なんて視点も生まれるかもしれません。

そこまで行けば、開発地を「公園にする」「スケボーパークをつくる」「保育園をつくる」などのアイデアや、若い世帯が生き生きと暮らせるように「新しいビジネス向けに環境のいいオフィスをつくる」「温浴施設をつくる」など、別の解決策が出てきたりするわけです。

最近では、大規模なマンションなどを開発する代わりに大きな公園をつくる開発も盛んに行われています。そうすることで、自然が豊富で、安心・安全なイメージが生まれ、公園を中心にカフェなどの商業施設も集まってきて、さらなる開発が進み、結果的に土地の価値が上がるからです。

このように、お団子図で考えれば、短期的で狭い視野の解決策ではなく、より長期的な視点が見えてきたり、人々の人生に基づくアイデアを生み出すことができます。そうすれば都市開発でも、課題設定もアイデアも共感性が高いものが生み出せるわけです。

さらに、このお団子図を使って、ラベルプリンターの新モデル開発に取り組んでみましょう。ラベルプリンターとは、キングジムの「テプラ」シリーズのように、自分の好きなように文字や記号を打ち込んでプリントしたラベルシールをつくり、収納用品や文房具などに貼り付けられる商品です。

まずは⑤「不満」からです。「印刷が遅い」「1枚ずつしか印刷できない」「デザインの自由がない」「ラベルテープが高い」など、いろいろ不満はあるかもしれませんが、ラベルプリンターに関して一番多くの人が感じている不満は「入力しづらい」ではないでしょうか。

ラベルプリンターは印刷機本体にキーボードと液晶画面がついており、そこに印刷したい文字を入力します。でも機器自体が小さいので、パソコンに比べてキーも小さく、とても入力しづらい。この不満を解決することにしましょう。

課題は「どうすれば入力しやすくなるか」ということになるので、これを解決するアイデアを考えます。「キーを大きくする」？　でも、キーを大きくすると、機器自体も大きくなってかさばります。パソコンサイズのテプラは邪魔ですよね。「キーボードを別で接続する」？　たしかにタイピングはしやすくなりそうです。でも、いちいちキーボードを持ってきて接続するのは面倒くさい。

ここで、お団子図の②「人生」から考えてみましょう。そうすると、新たに機器が増える煩《わずら》わしさなどに気づきます。すると誰もが持っていて、文字の入力作業にも慣れている

図3—2　お団子図（再掲）

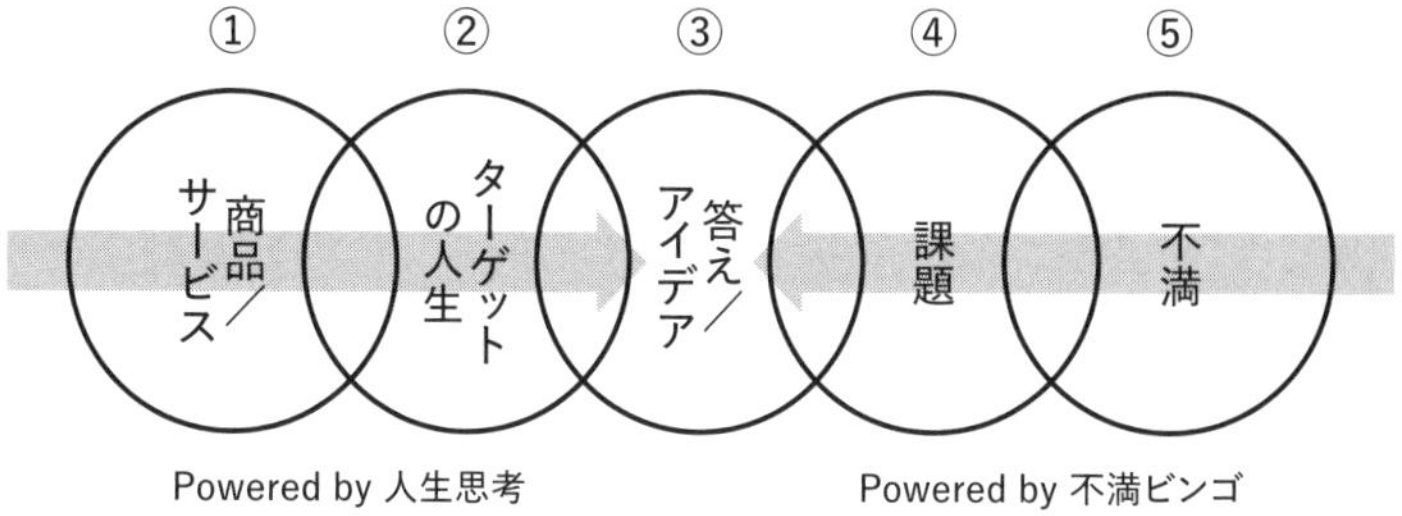

機器のことが頭に浮かぶはず。そう、スマートフォンです。スマートフォンで入力して、その通りにラベルに印刷されるようなラベルプリンターを開発すればよいのではないでしょうか。

実は、その商品はすでに存在しています。大手メーカーのブラザーは、2016年にスマホ専用ラベルプリンターの「ラベルライター」を発売しました。キューブ型で、一見ラベルプリンターには見えないスマートなデザイン。キーボードも液晶もいらなくなったので、さらなる小型化とデザイン性の向上も同時に実現しています。その後、「テプラ」シリーズでも、スマホ専用モデルが登場しました。

このように、商品やサービスの開発などでお団子図を使い、「不満」から「課題」を設定し、「人生」を考えると、より良いアイデアになる可能性が高くなるのです。

「アイデアの素」になる3つの型

キーワードは「デコン」「タイトル」「ヨコテン」

さて、ここまでに、問題を課題化してアイデアを生み出す型や、さらに人生を横に置きながらそのアイデアの精度を上げる型など、売れるアイデアの「つくり型」をいろいろとお話ししてきましたが、ここからは、「つくり型」の基礎、言うなれば「アイデアの素をつくる型」をお話しします。

皆さんも、普段暮らしているといろんなアイデアに出会うと思います。でもそこで「すごいアイデアだな！」と驚くだけではもったいない。自分がアイデアをつくるならこうしようという「アイデアの素」を持っていると、アイデアをつくる幅が広がり、とても便利です。

プロとして売れる企画をつくっている人は、実は、このアイデアの素をたくさん持っています。アイデアの引き出しという人もいますが、これが多いと、売れる企画が飛躍的に考えやすくなるので、ぜひ、皆さんも「型」を使って「素」をつくってみてください。

さて、そのアイデアの素をつくる「型」の1つ目は、「デコンストラクション」、通称**「デコン」**です。デコンストラクションはもともと哲学用語で「脱構築」。既存の体系や枠組みを解体して構築し直す、という意味の言葉です。また、コンサルティング業界では事業の構造や競争ルールなどを改めて捉え直し、新しいビジネスモデルをつくり出すという意味で使われています。

広告の世界の「デコン」は、これらと少し違った用語で、成功した事例を分析し、元のアイデアや課題、不満へとたどり着き、他のアイデアを生み出すためのベースを見つけることを指します。つまり、成功事例をもとに「どうしてそのアイデアに行き着いたのか?」を探る手法。成功から逆算して、成功の種を見つけるわけです。さまざまな成功事例をデコンしていくと、アイデアの素が見えてきます。その素を使えば、違うジャンルの仕事に応用して、新しい答えを見つけることもできるのです。

ところで、本書の冒頭で触れた「パターン」はこのデコンから生まれたもの。僕はさまざまな成功例をデコンして、売れるアイデアの「型」を生み出しているのです。

でも、「どうしてそのアイデアに行き着いたのか?」という質問の答えは、アイデアをつくった本人しか持っていません。ですから、デコンでたどり着いた答えは、実際の経緯とは違っているのが普通です。

しかし、僕はそれでいいと思っています。デコンは正解を求めるものではありません。自分なりに成功のパターンが見出せればOKです。広告に限らず、すべての仕事には成功事例があり、その事例からデコンすれば、成功の「素」が見つかります。ぜひたくさんの素を見つけて、アイデアの引き出しが豊富な人になってください。それだけで、十分、おもしろい仕事ができるようになります。

さて、ここで1つ、実際に僕が考察したデコン事例をご紹介しましょう。それは「くまモン」です。くまモンは、2011年3月の九州新幹線全線開業をきっかけに生まれた、という設定の熊本のご当地キャラクターです。ご当地キャラクターの中では群を抜いて知名度が高く、「売れている」キャラクターと言えるでしょう。

くまモンは、新幹線元年事業アドバイザーであった、放送作家・クリエイティブ・ディレクターの小山薫堂《くんどう》さんと、アートディレクターの水野学さんが提案・デザインしました。彼らは何を考えてくまモンを生み出したのでしょうか。

不満は「熊本県の認知度が低い」「熊本に興味を持ってもらえない」あたりだったと考えられますから、普通に考えると、「熊本をどうやったらアピールできるか」という課題になります。そうすると、熊本出身のタレントを起用してPR動画をつくる、ポスターをつくる、といった無難な（ゆえに売れない）解決策になってしまったかもしれません。

しかし、くまモンの場合は、課題化の時点でもう一歩踏み込んでいたのではないか、と僕は思います。つまり、課題を**「どうやったら熊本を愛してもらえるか、身近に感じてもらえるか」**と設定したのではないでしょうか。そうすることで、「とぼけた顔のクマのキャラクターをつくる」というユニークなアイデアが生まれてきたのだと思います。当時はまだゆるキャラが全盛ではないので、尖《とが》ったアイデアでもあったと思います。

さらに、くまモンが売れたのには、PR領域における別のアイデアが効いています。それは、「熊本県の許可があれば、ロゴとキャラクターを無料で利用できる」ということです。くまモンは著作権を熊本県が買い上げ、無料で使用可能にしています。これによって、何千種類というくまモングッズが製作され、コラボ商品なども多数生まれました。まさに、くまモンは身近な存在になり、多くの人がくまモンから熊本を連想するようになったのです。

この事例からは、「アピールするより、身近に感じてもらう」「本当に愛されるキャラクターをつくる」「無料で使ってもらうことで広める」という「アイデアの素」が見出せます。近年、多くの自治体がご当地キャラをつくりましたが、このように、しっかりくまモンの「デコン」をしてアイデアの素を持っていれば、表面的に真似するだけではなく、より本質的なＰＲができたのでは、と残念に思う事例も散見されます。

タイトルから逆算して企画を考える

２つ目のアイデアの素となる型は、「タイトル」です。タイトルとはそのままズバリ、雑誌やウェブの記事などについている見出しです。これは、売れるアイデアを「逆」から考える方法論です。

僕は商品企画やプロモーション案を考えるマーケティングのワークショップの講師を務めるとき、最初にその企画につく「タイトル」を考えてもらうことがあります。つまり、中身の企画がないのに、あえて名前から中身を考えてみるという逆のアプローチをするわけです。

なぜ「逆」から考えるのか？　普通は問題を課題に変え、それを解決するために企画などの中身を考えて、最後に「タイトル」をつけるでしょう。プロジェクトなら、「この中身なら〇〇プロジェクトにしよう」とか、「このキャッチコピーで売ろう」とか、「こういう名前の製品にしよう」とか、すべてタイトルは最後になります。でも実際に、それを**逆に考えることで、「売れる企画」が生まれることが多い**のです。

例えば、「女性に一眼レフカメラを使ってもらう」という課題に対してプロモーション企画を考えるとします。そこで、いきなり企画から考えようとすると、「メディアでカメラ女子を特集してもらう」「有名女性タレントを使ってカメラの広告をつくる」「子育てママコミュニティにアクセスしてカメラを使ってもらう」など、ありきたりな企画がたくさん出てきます。でも、まず見出しから考えると、このような「ありきたり企画」がなくなるのです。

例えば、実際のワークショップで出たのは、「子どもたちの〝マイファースト家族写真〟」というタイトルでした。これは、子どもに一眼レフで初めての写真を撮ってもらう、というものでした。カメラがいいと、何となく撮った写真もかっこよく写ります。子どもが写真に興味を持つには、むしろ最初から一眼レフで撮らせた方がいいのかもしれません。
さらに、この企画の本質は、「子どもが撮った初めての写真」という、お母さんがやってみたくなる企画だったことです。実際に、お母さんにもカメラに触れてもらって、楽しむ機会を自然につくる。これは「どうすれば一眼レフを手に取るか?」を人生の側から考えることで、子どもの初写真というアイデアに到達し、もともとの課題であった「女性に一眼レフを使ってもらう」こともクリアしています。思わず「なるほど」と思ったアイデアでした。

実は、僕の経験上、タイトルから考えると、つまらないアイデアが書けなくなります。漠然と中身を考えていると「とりあえずカタチにしよう」「なんとか辻褄《つじつま》を合わせよう」といった発想に陥《おちい》りますが、タイトルを考えてみようとすると、それを見た人が「お!」と思うことをイメージするので、自由かつおもしろいことを考えようとします。それは、誰しも人生の中でさまざまな企画のタイトルを見てきて、あれはおもしろい、あれはつまらないという判断をしている経験があるからです。つまり誰もが、何度もタイトルを通じてアイデアをディレクションしているとも言えるわけです。その経験が活かされるからこそ、誰もがプロとして、売れる企画を考えやすくなるということでもあるのです。

そこで皆さんにオススメ。関係している商品やサービスを売る企画の「タイトル」をいっぱい考えてみてください。営業先でも通勤時でもいいので、**なにか思いついたら「タイトル」にしてメモする**のです。それを続けていくと、おもしろい発想ができるようになりますし、アイデアをつくるときにそのメモを眺めれば、絶対と言っていいほど、良いアイデアが浮かびます。アイデアを考えろと言われて考え始める人よりも、アイデアの素をいっぱい持っている人の方が、おもしろいアイデアが生めるに決まっています。だから皆さんもぜひ、そっち側の人になってください。

「ヨコテン」で成功をなぞる

3つ目のアイデアの素となる型は「横展開」、通称「ヨコテン」です。これは、成功した施策をそのまま別のジャンルに応用する、というものです。僕はこの20年ほど、さまざまな仕事でこの「ヨコテン」の「型」を使っていますが、最近よく使われている例も聞くので、皆さんも一度は経験された「型」かもしれません。

ヨコテンの例を紹介しましょう。日産は20年ほど前に、「マイレージキャンペーン」という発明をしました。それは、新車を購入する際に下取りする車の走行距離を1km＝1円でキャッシュバックして、走行距離が多い自動車の買い替えを促進するものでした。これは、古い車に乗っている人が持っていた「ちょっと恥ずかしい」という気持ちを、「長く乗ったおかげでおトクになる」という前向きな気持ちに変えることで、マイナスからプラスの幸せを生み、乗り替えを促進した「神施策」であり、完璧な「売れ型」の1つだと思います。

お気づきの方もいる通り、これはもちろん、航空会社の「マイレージサービス」をヨコテンしたアイデアです。飛行機の搭乗距離に比例したポイント「マイル」を「走行距離」に当てはめ、ターゲットにわかりやすいカタチでプロモーションを行った、ヨコテンの好例です。

さらに、先ほど「くまモン」の事例で、「無料にすることで広める」アイデアが効いているとお話ししました。これも実は、「ヨコテン」なのです。

アイデアの元ネタは、おそらく「I ♥ NY（I Love New York）」というニューヨーク州の観光キャンペーンだと考えられます。このためにつくられた「I♥NY」というロゴは世界的に有名になりましたが、実はその理由の1つが、「ロゴの権利を一部開放し、誰でも使えるようにした」ことだと言われています。他にも、『ブラックジャックによろしく』という医療マンガが二次利用をフリー化するなど、「通常はタダで使えないものをタダで使えるようにする」という施策はさまざまなジャンルでヨコテンされています。

ヨコテンは、同ジャンルの商品でやるとあまりに似通いすぎてしまうので、他のジャンルに当てはめるのがポイントです。もし、ヒットした施策と同じジャンルでアイデアを考えるなら、成功した裏側をデコンしてアイデアの素をつくり、それをヨコテンするというのもよいでしょう。ここまでできたら、相手がうれしくなるアイデアが、すらすら生み出せるようになるはずです。

ラクに発想が進む「アイデア量産図」

苦痛だった「ブレスト」も明日から楽しくなる！

さて、アイデアの素をつくる3つの「つくり型」をご紹介しましたが、どうだったでしょうか？　先ほどの「人生共感図」や「お団子図」のように、不満をベースにした本質的な課題やアイデアの発見はもちろん、先ほどのようにアイデアの「素」をつくるのも、とても効果的なアイデアの型なので、ぜひ覚えていただければと思います。

ただ、ここまでご紹介してもなお、まだまだ「売れるアイデア」をつくるのは難しいと思っている人もいるでしょう。「ブレスト」と聞くだけで逃げたくなる人も多いと思います。そこで、もっとカジュアルに、もっとおもしろいアイデアを「量産する」方法をこの章の最後にご紹介したいと思います。

アイデアに関する有名な書籍『アイデアのつくり方』（ジェームス・W・ヤング著、CCCメディアハウス）には、「アイデアとは既存の要素の新しい組み合わせ以外の何ものでもない」

図3―3　アイデア量産図

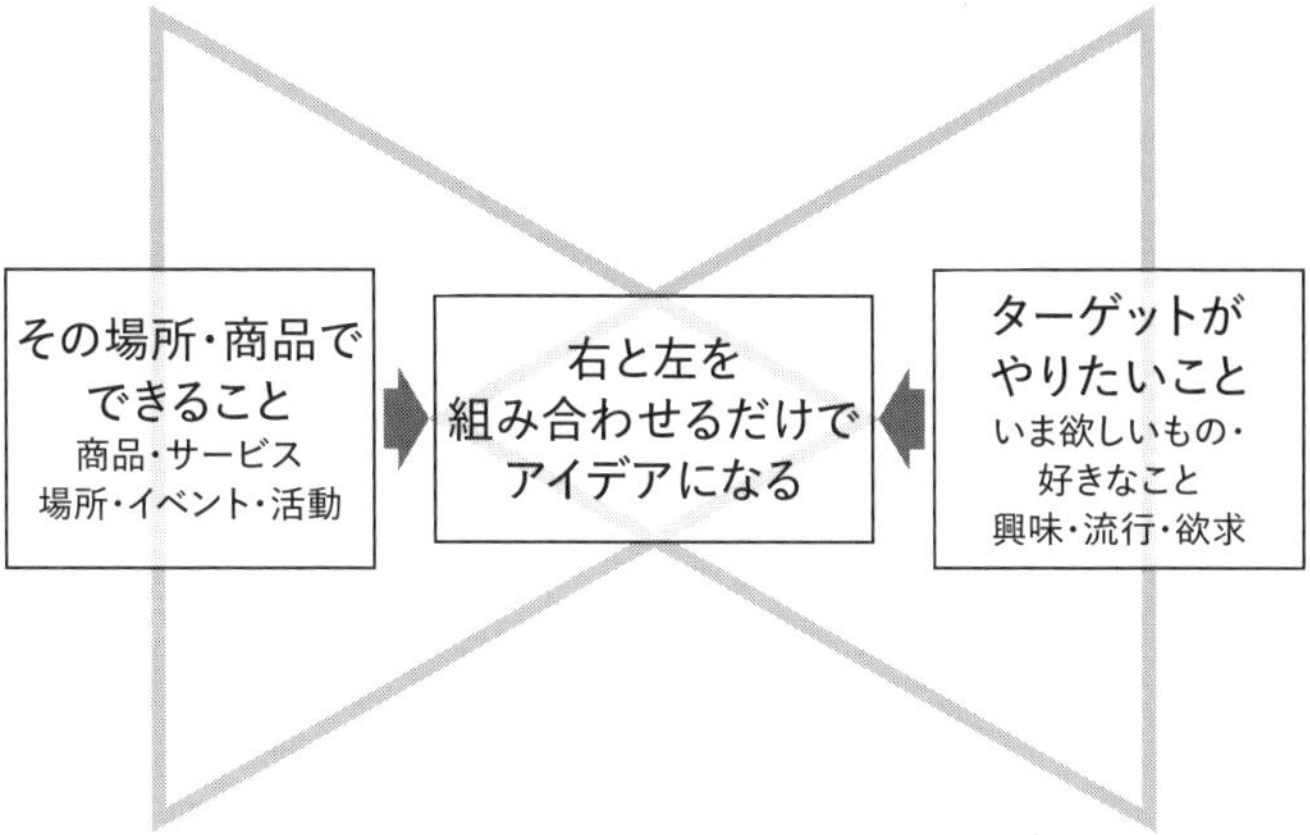

とあります。そして、ここからご紹介する型は、まさにこの「組み合わせ」を実践するアイデアづくりの「型」。その名も、**「アイデア量産図」**です。

アイデア量産図は「遊びながらアイデアをつくる型」なので、アイデアって難しいなと感じている人にはとても使いやすく、楽しく考えられると思います。しかも、カジュアルなのに、仕事でも使えるレベルのアイデアが生み出せる型でもあります。僕は実際、この「アイデア量産図」を仕事で使うことが多々あり、かなりの実績を生んでいます。

ちなみに、この「アイデア量産図」も、考え方のベースは、先ほどの「人生共感図」と同じで、商品を左に置き、右から人生側の考察をするものですが、「アイデア量産図」では、左の商品部分で、**その場所・商品で「できること**（商品・サービス・場所・イベント・活動）**」**を列挙し、右の人生部分で、不満ではなく、**ターゲットが日々の中で感じる「やりたいこと**（いま欲しいもの・好きなこと・興味・流行・欲求）**」**などをリストアップするのが特徴です。

そして、そのアイデアのつくり方は、なんと、**左の三角形に書かれた言葉と右の三角形に書かれた言葉を組み合わせるだけ**。それだけでアイデアを生み出していくのです。つまり、「商品のできること」と「人生でやりたいこと」の組み合わせを考えていくだけなのです。それだけで、バカバカしいほどにカンタンにアイデアが生まれます。

では、実際に、「本屋に人が来ない」という問題を取り上げ、「どうやれば本屋に人を集め、活性化させられるか」という課題にチャレンジします。ここでは、人生共感図と区別するためにも、２つの三角形を使ってアイデアを生み出してみましょう。

まず図の左側に本屋でできることを列挙します。「読書会」「トークイベント」「ネット販売」「立ち読み」「待ち合わせ」「暇つぶし」「話題探し」「クーラーで涼む」「書店員に推薦本を聞く」「売れ筋ランキング」「コーナーをつくる」などが思いつきますね。

その上で、右側にターゲットの好きなことや、やってみたいことを書いていきます。こ

図3-4　アイデア量産図の具体例

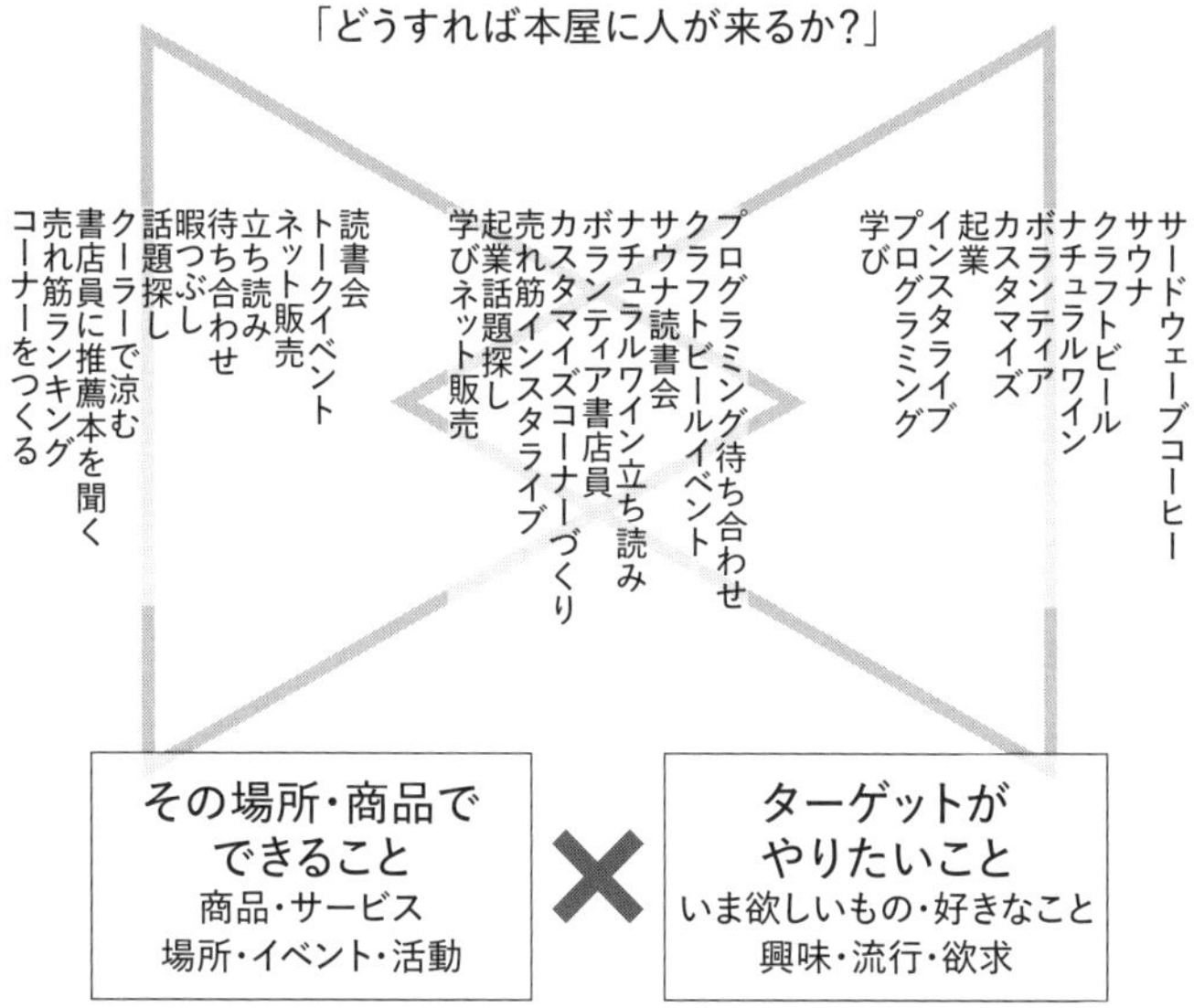

れもただ列挙すればいいだけ。30代男性ならば、「サードウェーブコーヒー」「サウナ」「クラフトビール」「ナチュラルワイン」「ボランティア」「カスタマイズ」「起業」「インスタライブ」「プログラミング」「学び」などなど、こちらもいっぱい出てきます。

あとはこれをランダムに組み合わせて遊ぶだけ。すると例えば、「プログラミング待ち合わせ」「クラフトビールイベント」「サウナ読書会」「ナチュラルワイン立ち読み」「ボランティア書店員」「カスタマイズコーナーづくり」「売れ筋インスタライブ」「起業話題探し」「学びネット販売」など、おかしなアイデアがたくさん出てきます。

どうでしょう？　実は、ほぼ10分でこれだけのアイデアが生まれました。この「アイデア量産図」で生まれるアイデアは、プロモーションやイベント、さらにはちょっと尖った商品アイデアに向いていると思いますが、なにより、おもしろく飛ばしたアイデアが本当にカンタンに、しかも短時間に、たくさん考えられるのです。

ここでなにより大切なのは、**アイデアを出すのがおもしろいと思えること**。これだけ閉塞した時代になると、「おもしろい！」と思えるアイデアこそが、売れるアイデアになりますが、それをつくるためには、つくる側がおもしろがることができるかどうかが重要。ゆえにこのアイデア量産図は、これからのビジネスに大切だということです。

ちなみにアイデアに出てきた「クラフトビールイベント」は、数年前なら「そんなバカな」と思われていたと思いますが、下北沢のB&Bなどで実施され、すでに話題になっています。実は、「アイデア量産図」で生まれるアイデアは、やれることとやりたいことを前提としているので、今は突飛に見えても、近々実現し、流行するアイデアが多くなるのです。

この「アイデア量産図」のすごいところは、そこ。つまり、**おもしろがってつくるアイ**

デアのすべてが、テーマとなる商品・サービスから離れず（左側）、**ターゲットのニーズや流行を捉えている**（右側）**からこそ、実現性も高く、人気も出やすいのです。**

実際、アイデアを考えていくと、思わず商品やサービスとは関係ないところに行きがち。そうすると「この商品でなくてもできるアイデア」になったり、「おもしろいけれど商品の良さが伝わらないアイデア」になって、実現しなくなります。でも、この「アイデア量産図」なら、クライアント（左側）も世の中（右側）も両方満足させるアイデアを生み出すことができるので、みんなが喜び、長続きする施策になるのです。

ちなみにこの「アイデア量産図」は、拙著『すごいメモ。』（かんき出版）で紹介した、アイデアを量産するための「ホワイト三角メモ」と同じものです。より明確に使用する目的がわかるように「アイデア量産図」としました。名前はどうあれ、このアイデア開発法は効果があるので、ぜひ一度、使ってみてください。

さて、この章も終わりました。またまた「売れ型の木」にここでご紹介した「つくり型」を入れてみました。全体を見ながら、アイデアを生む「売れ型」を見直してみてください。次の章では、アイデアの「広げ型」をご紹介します。

図3—4　売れ型の木④

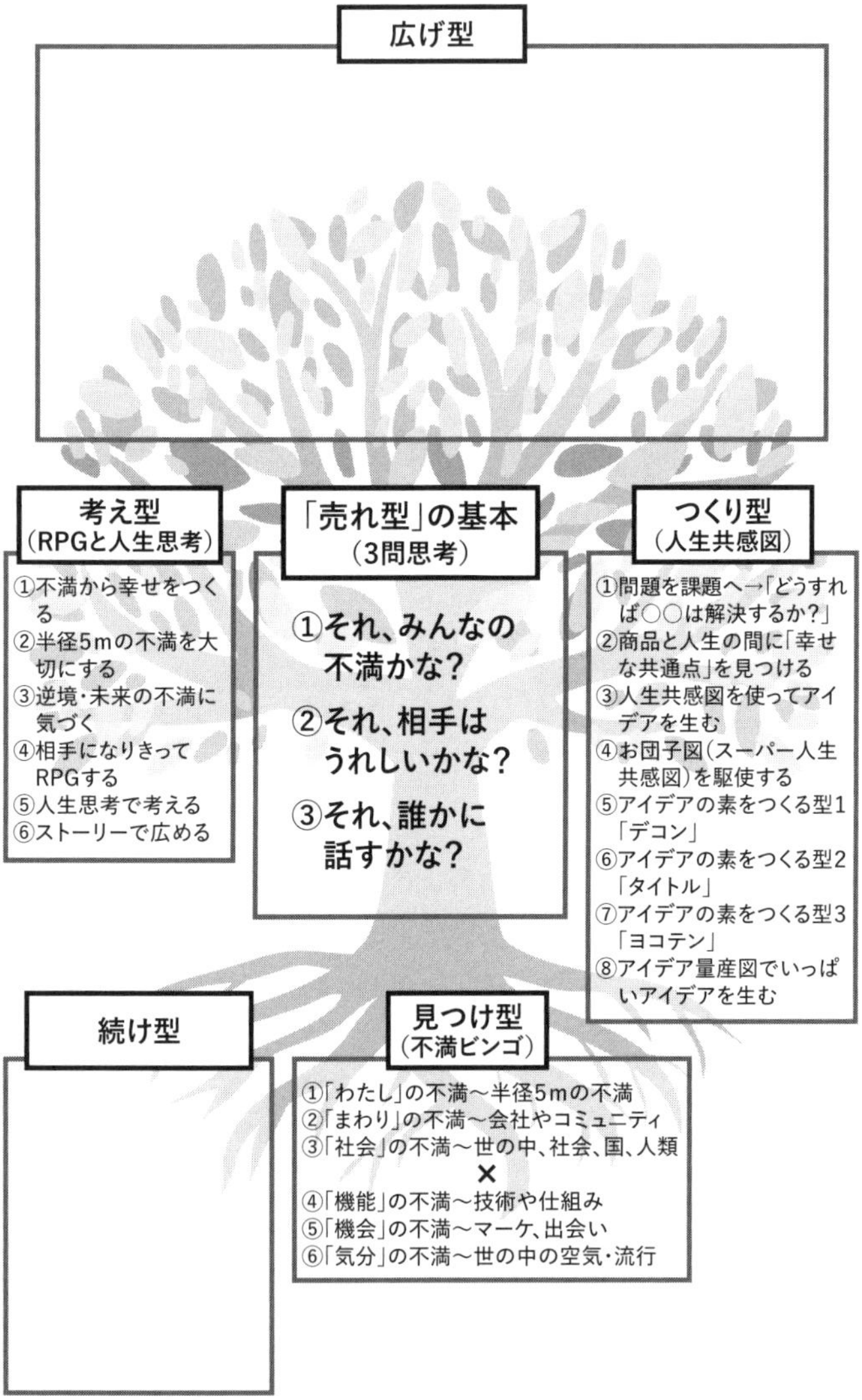
広げ型
考え型
（RPGと人生思考）
①不満から幸せをつくる
②半径5mの不満を大切にする
③逆境・未来の不満に気づく
④相手になりきってRPGする
⑤人生思考で考える
⑥ストーリーで広める
「売れ型」の基本
（3問思考）
①それ、みんなの不満かな？
②それ、相手はうれしいかな？
③それ、誰かに話すかな？
つくり型
（人生共感図）
①問題を課題へ→「どうすれば○○は解決するか？」
②商品と人生の間に「幸せな共通点」を見つける
③人生共感図を使ってアイデアを生む
④お団子図（スーパー人生共感図）を駆使する
⑤アイデアの素をつくる型1「デコン」
⑥アイデアの素をつくる型2「タイトル」
⑦アイデアの素をつくる型3「ヨコテン」
⑧アイデア量産図でいっぱいアイデアを生む
続け型
見つけ型
（不満ビンゴ）
①「わたし」の不満〜半径5mの不満
②「まわり」の不満〜会社やコミュニティ
③「社会」の不満〜世の中、社会、国、人類
×
④「機能」の不満〜技術や仕組み
⑤「機会」の不満〜マーケ、出会い
⑥「気分」の不満〜世の中の空気・流行

第 4 章

売れるアイデアの「広げ型」

～売れるモノにはストーリーがある～

人の心を動かすのは「ストーリー」

「商品が欲しくなる物語」が予想もできないヒットを生む

第4章では、「それ、みんなの不満かな？」「それ、相手はうれしいかな？」「それ、誰かに話すかな？」という3つの質問の最後、「それ、誰かに話すかな？」をより詳しく説明していきます。一言で言えば、**良いアイデアというのは、思わず人に話したくなる「ストーリー」を常に含んでいます。**その見つけ方、そして逆に、ストーリーからアイデアを生み出すにはどうしたらよいかを、お話ししましょう。

ストーリーについては、第1章でも説明しましたが、そのときにも述べているように、僕はストーリーをいわゆる「物語」ではなく、「商品（サービス）が欲しくなる物語」として定義しています。だから、ストーリーと言っても起承転結が必要なわけでもないし、明確な登場人物がいるわけでもありません。人の心を動かし、「欲しい！　買いたい！」という感情を生むものであれば、すべて「ストーリー」だということです。

僕が一番好きな「ストーリー」は、1960年に閣議決定された「国民所得倍増計画」です。国民へのメッセージをダイレクトに表したこの長期経済計画の名称は、本当にすばらしいと思います。ただ「経済成長を目指します」と言われるよりも、「所得が倍増する」と言われた方が、生活が豊かになるイメージがより具体的に湧きますし、「そうなりたい！」とワクワクします。

実際にここから日本経済はぐんぐん成長し、10年でGNPを2倍にするという目標を大幅に短縮。結果的に発表から7年で計画を達成する大成功を収めました。もちろん、計画の内容や外部要因（為替など）の貢献も大きいのですが、国民一人ひとりが「頑張れば所得が倍増するんだ！」と希望を持って働いたことがなによりの原動力だったと思います。つまりこの「ストーリー」は国民をワクワクさせ、実際に人を動かしたというわけです。実は、このように世の中に広がる施策や商品には、絶対にワクワクするストーリーが存在します。そしてそれが、決定的な役割をはたしているのです。

ワクワクすると言えば、先に述べている「ビジョン」の定義も、「ワクワクする未来」

だとお話ししました。そう、「ワクワクする未来」の提示、つまり、人々が強く共感できるビジョンの提示は、それそのものが人の心を動かすストーリーとなります。歴史を変えた政治家や起業家は、いずれも強く共感できるビジョンを掲示することで、人々をまとめ、駆り立てたことで、大きな成果を生んだのです。

例えば、ジョン・F・ケネディ大統領が1961年5月に出した「今後10年以内に人類を月に着陸させる」という声明も、壮大なビジョンであり、強いストーリーだったと思います。ケネディは議会でこの声明を出した後、大学で一般向けの演説を行い、聴衆は熱狂しました。

背景には、ソビエト連邦との熾烈《しれつ》な宇宙開発競争があります。演説が行われた時点では、アメリカはソ連に大きな後れを取っており、一人の飛行士を宇宙に送っただけでした。でも、「10年以内に人類を月に着陸させる」という明確なビジョンを示したことで、国民の中に「アメリカが宇宙開発においてナンバーワンになる」という、ワクワクする目標ができた。そして国中の思いが1つになり、情熱や才能が集まり、国全体の動きとなって、強い推進力が生まれたのです。きっと、この一言がなければ、アメリカの宇宙開発は遅れていたでしょうし、月面着陸も実現しなかったかもしれません。ビジョンは本当に人の心を動かし、思いを広げ、人々を1つにする力があるのです。
もしあなたが、商品やサービスのストーリーをどうつくっていいのかわからないなら、まずは、「心からワクワクする未来」を妄想することから始めるとよいと思います。「月に人類を！」のように、途方もない夢でも人の心は動きます。そして、その夢に対して少しでも実現する可能性が見えるなら、人は熱狂し、大きな力で動き出すのです。

このように、良いビジョンは良いストーリーを生み、そのストーリーは人々に強い興味や共感を生みます。そしてときに、強いモチベーションの源となる「誇り」や「愛情」も生み出します。僕は、この**「誇り」や「愛情」を生むものこそが最高のストーリーだ**と思っています。そのストーリーがあれば、人々に、損得や利害とは関係なく、強い意欲を持ち続ける行動を生み出すことができます。まさに、**「するべき」から「やりたい！」という意識のチェンジ**が起こるわけです。

このプロセスは、実は、人が人を愛するプロセスとほぼ同じだと思います。強いストーリーがあれば、興味、関心から共感、そして尊敬、誇り、愛情、愛着へと感情が進化し、まさに無償の愛と言えるほどの強いモチベーションが、商品やサービス、活動に生まれるのです。
目の前にいきなり提示された商品やサービスに対し、人は愛を感じることはできません。ＣＭやポスターを見たり、店頭で商品・サービスと相対したときはこの状態です。でもそこにストーリーがあれば、そこから興味や愛着が生まれて、「これはぜひ欲しい」という気持ちが出てきます。例えば、スーパーで売っているほうれん草に、生産者の写真と「○○さんの畑でとれました」という文章が書いてあると、なんでもない野菜が、その生産者が精魂《せいこん》込めてつくったというストーリーによって特別になり、「せっかくだから、○○さんがつくったほうれん草を買おうかな」という気持ちが生まれます。これも、ストーリーの力です。そしてさらに「無農薬で」「40日間昼夜を問わず管理して」「今回だけ特別に直送した」「カタチは悪いが味はすごくいい」などのストーリーがつけば、愛情が生まれ、どんどん欲しくなり、結果的に価格が上がっても買うわけです。

このように、ストーリーがあれば、確実に「売れる」ことに近づきますし、「儲け」も増えます。とはいえ、一般的な感覚では未だに、売れるものをつくろうと考えると、「機能を革新しよう」「すべての人にどこにもないサービスを提供しよう」と、機能や機会の革新を目指したり、「かっこよくしよう」「女性が好む色にしよう」と、デザイン面の革新を目指すでしょう。

でも、実際に商品やサービスを拡散するのは、ストーリーです。ストーリーがあることで、共感が生まれやすくなり、話しやすくなり、広がりやすくなる。それだけでも、実は、商品の価値が上がり、たくさん売れはじめます。ゆえに、機能を開発するエンジニアではなくても、革新的に売れるモノやサービスをつくり出すことができるのです。

強いストーリーのベースは「切望」と「快感」

さて、ストーリーを構成する要素には7つのポイント――ファクト、具体的な行動、切望、数字、比較、実体験、体感記憶――があります（この要素については、拙著『プレゼン思考』〈かんき出版〉でも解説しています）。ただしここでは「売れ型」の視点から、売れるためのストーリーに必要な内容を抽出、追加、整理し、「売れるストーリーをつくる型」をご紹介したいと思います。

では早速、ストーリーの「型」を話していきましょう……と言いたいところですが、もう少しだけストーリーの解説をさせてください。ストーリーが使われてきた経緯やその内容を知ってからの方が、よりわかりやすくストーリーが理解できると思います。

まず、何度か述べているように、**ストーリーとは、「商品が欲しくなる物語」**です。そして**「欲しくなる」ためには、それ相応の驚きや発見が鍵**だと話してきました。ストーリーがあれば、人はその商品に驚き、新たな発見をするので、その商品がより深く心に刺さり、忘れなくなり、そして人に話したくなるのです。

ではどうすれば、そのように心に突き刺さり、人に話したくなるストーリーが生み出せるのか？　**僕が大切にしているのは、「切望」と「快感」です。**

まずは「切望」から話しましょう。人は誰しも不満があり、理想があることはすでに話しました。そしてその不満から理想にたどり着く道筋がアイデアであることも述べました。実は、この不満と理想のギャップが大きければ大きいほど共感が強くなります。つまり、まさに**切望しているような願いが叶う商品やサービスは、その人にとってとにかく強いストーリーとなる**わけです。そしてさらに、その前提となる不満が「社会」の不満だったとすれば、凄まじく広がるアイデアを生むことになります。

前述のGoogleなどはまさにその例。情報があふれて困るようになった現代に爆発的に広がったのは、まさに切望する願いを叶えたからでしょう。またＷＯＴＡの例もそうです。被災地で水が使いたいという切望が叶えられることで、強い共感が生まれ、一気に自分ごと化し、たくさんの人に話したくなる商品になったのです。

さらにもう1つ、ストーリーに大切なのは、「快感」です。「気持ちよくする」ことは、まさに、人間の本質と向き合い、より強力に機能するストーリーをつくるための視点と言えます。身体的、精神的に気持ちがよければ、「いいね」とか「素敵」などの感情を超えて、「とにかくやってみたい」「やらずにはいられない」という「欲求」を生み出し、商品を買う「衝動」を呼び起こします。まさに「商品が欲しくなる物語」として機能するのです。

そもそもですが、人は、苦しいことや悲しいことをやりたくありません。結局、気持ちいいことしかやりたくないし、続けられないのです。例えば、世界が進むべき道を示したＳＤＧｓも、「努力して実践しましょう！」では、長続きする施策になりません。なにかをガマンしなければいけないのでは、実際の行動に移せない人もいるのです。

でも、「これは楽しいよ、気持ちいいよ」と伝われば、積極的に「やりたくなる」のも人間。だから「こうすれば気持ちよくなります」というストーリーを考えれば、売れるというわけです。もちろん、そういうメッセージを言うだけでは意味がありません。それよりも、「どうすれば気持ちよくなるか?」という問いを考え、その答えを商品や仕組みとして世の中に発表することが望ましいと思います。

ＳＤＧｓは、今の世の中の多様な経済活動のほぼすべてに関係しています。つまり、あなたのビジネスも必ずどれかに関係しているわけです。先に述べたように、あの17の目標は、これからそこにお金が集中するという予言でもあるので、絶対に無視できないものだと思います。ぜひ例の１６９のターゲットを見つめ、そこに「気持ちいいストーリー」を考えてください。それができれば、世界中に広まり長く続くビジネスが生み出せます。

まずはそのためにも、常日頃から世の中の「不満」を「快感に変える」ことを意識して、ストーリーを生み出す練習をして欲しいと思います。

ストーリーは、創業物語や開発秘話でもない

本書では何度も、ストーリーとは「商品が欲しくなる物語」だと話していますが、それは、ストーリーという言葉ゆえに、勘違いしやすい点があるからです。

まず、売れているブランドには、必ずと言っていいほど良いストーリーがあります。例えば、ケンタッキーフライドチキンのストーリーというと、一般的には「カーネル・サンダースがガソリンスタンドの一角で始めたレストランが、世界規模で展開するまでに成功した」「62歳で起業し、多くの波乱に見舞われながらも世界初のフランチャイズビジネスを成功させた」といった「創業ストーリー」があげられるかもしれません。

でも、今これを聞いて、「ケンタッキーに行こう！」と思うでしょうか。「へえ、すごいなあ」とは思いますし、尊敬を集めたりはするでしょうが、店舗に足を運ぶ、もしくはデリバリーを頼むといった行動にまではつながらないでしょう。したがって、これだけでは「商品が欲しくなる物語」ではないと言えます。つまり、「今、機能するストーリー」ではないのです。

では、ケンタッキーフライドチキンの、今のストーリーとはなんなのでしょうか。1つは、オリジナルの「あの味」です。「11種のハーブとスパイスからなるオリジナルレシピ」と言われている「あの味」。実は、これも体験としての「ストーリー」なのです。

皆さんの中にも、「久しぶりに『あの味』が食べたい」とか「小さい頃、クリスマスに『あの味』のチキンを食べたなあ」と思ったことがある人は多いと思います。ケンタッキーの「あの味」と言えば、「ああ、あれあれ！」となる。つまり「あの味」と言わせるオリジナルの味自体が、人に伝播《でんぱ》する力を持つストーリーなのです。

実際、ケンタッキーフライドチキンと聞いて、皆さんの中にも、大好きなあの味とか、あの店の感じとか、あの笑顔といった過去のイメージが思い出されると思いますし、それを誰かに話して、一緒にお店に行ったりしたことがあると思います。それも実は「ストーリー」の力。接客やサービス、流れている音楽すらも、ストーリーになるのです。

そう考えれば、もちろん、カーネル・サンダースおじさんの顔も、ストーリーと言えます。あの顔を見たら「あっ、ケンタッキーだ」と思いますよね。ケンタッキーが好きな人であれば、駅を降りてあの像を見たら「行こうかな」という気持ちになるでしょう。これらは記憶を呼び起こすストーリーなのです。

好きなラーメン屋の「あの味」もそう。そして、古い居酒屋の「あの雰囲気」。イベント本番前の「あの緊張感」。フェスならではの「あの空気感」。初めて着たときに感じた「あの肌触り」。父からもらった古い時計の「あの秒針の音」。実は、**「あの」と表現される**

すべてが「ストーリー」であり、それをつくり出すことも、「それ、誰かに話すかな？」の大切な答えになるのです。

ここまでお話しすれば、ストーリーが少し、今までとは違って見えたかと思います。まずストーリーは、小説でもなく、主人公が必要なドラマでもありません。さらに、創業物語や開発秘話でもない。商品やサービスが欲しくなったり、行きたくなったりすれば、ある意味、なんでもいいのです。

「なぜあの古臭い居酒屋に通ってしまうのか？」「どうして有名でもない古い時計に惹かれるのか？」それは、人の心を動かすストーリーがあるからです。逆に言えば、どんなにお金をかけてつくった商品でも、なにかの真似だったり、自己満足の改善だったりすれば、ストーリーがないので広がりません。

つまり、欲しくなる物語を想定すれば、お金をかけなくても売れる商品はつくれるし、逆に、売れない商品をつくらなくてもすむということです。

相手の立場になってストーリーを見つける

「知りたい」「欲しい」「話したい」ストーリーのつくり方

なんでもいい……とはいえ、本当になんでもストーリーになるかというと、そうでもありません（笑）。ストーリーは「相手」のものだからです。つまり、企業側が「これはすごいぞ！」と思って伝えても、相手が興味を持たなければ、情報の海の藻屑《もくず》となります。僕が最も大切にしている考え方は、「『伝える』から『伝わる』へ」ですが、まさに、企業の思いで伝えても、買う側の人々に伝わらなければ、意味がないわけです。

そして「伝わる」ためには、相手の興味やニーズに合致した商品やサービス、キャッチコピーやプロモーション企画が必要ということになります。この視点はとても重要です。届けたい商品、思いついたアイデア、自分の強い思いは、そのまま伝えるのではなく、相手の立場で考え、相手が興味を持てるように届ける努力が必要になります。バッターがピッチャーの思考を読んで打つように、企業は顧客の思いを汲み取って、商品の良さが伝わる方法を考えるべきだというわけです。

つまり、**すべてのアイデアがそうであるように、ストーリーももちろん、相手の立場に立って考えないとうまくいかないもの**なのです。人はウンウン唸《うな》って考えているうちに、自分に都合よく考えるようになるものです。「頑張ったんだから、いいと思ってもらえるはず」「こだわったんだから、評価されるはず」というのは、自分に都合のいい考え方。共感されるストーリーをつくるためには、**モノゴトを自分に都合よく見ない**、という意識が重要です。

でも、この「都合よく見る」のは、実は企業レベルでもやりがちなことです。例えば、コーヒーの新商品を開発する際は、豆の産地を打ち出すことが多いですが、消費者は、本当に豆の産地に興味があるのでしょうか。コーヒーが好きで、自宅でも入れる人は別ですが、普通の人にとって、豆の産地による味の違いはそんなにわからないでしょう。

だから、豆の産地にこだわる前に、なぜコーヒーを飲むのか、どんなときにコーヒーを飲みたくなるのかを考えた方が、良いアイデアが生まれる可能性が高いかもしれません。

少し前に流行った「ワンダ　モーニングショット」という缶コーヒーは、「朝に飲む缶コーヒー」というストーリーで売れましたし、先に述べた伊右衛門も、今の人々が「おいしそう」と感じるのは茶葉の種類や淹れ方ではなく、鮮やかなグリーンというストーリーを生み出して成功しました。既存の「答え」にしがみつかず、相手の立場に立って考え、相手の人生を良くするアイデアをゼロから考えれば、まったく新しいアイデアや心が動く良いストーリーにたどり着けることがあるのです。

すべては結局、想像力の問題だと言う人がいますが、まさにそうかもしれません。相手の立場に立つ想像力こそが大切。「やってあげたい」とか「これをするとうれしいだろう」というのはエゴです。答えは、相手の中にあります。それを見つける行為こそが、共感を生むストーリーのつくり方なんだと思います。

時代は「効率から愛着へ」。相手の立場でストーリーを考える

ストーリーを相手の立場に立って考えることは、良いアイデアのための質問の2つ目「それ、相手はうれしいかな?」とリンクしています。

第1章で「相手の立場で不満を考えることが良いアイデアへのスタート」「相手の喜ん

でいる姿を想像するところからアイデアが生まれる」「『伝える』ことばかり考えると、相手のことが頭から抜け落ちてしまう」といった内容を書きましたが、これはストーリーにも当てはまります。

同じく第1章では、相手の立場になって考える方法として「RPG」を紹介しましたが、このRPGはストーリー開発にも応用できます。例えば、商品のストーリーを考えるときに、競合相手になりきって考えてみるのもオススメ。自社商品を、競合の会社に所属する人間になりきって、思いっきり批判してみる。「なんかダサい」「この機能が使いにくい」などたくさん貶《けな》していくと、思考のタガが外れて、おもしろい発見をすることがあります。そして、そこから本当に「相手にとってうれしいと思える」新しいストーリーが見えてくることがあるのです。

僕は、ストーリーを考えるとき、一般的に「世の中の声」と言われているマーケティングデータを重視しません。恣意的《しいてき》に数字を見ることもできるし、見方によって数値が変わることすらあるから、あくまで参考程度に見るようにしているのです。そうした数字は、それだけでは血が通ってませんし、画期的なアイデアにはつながらないと僕は思っています。大切なのは、自分の感覚と相手の不満、そしてそれに基づいたアイデアです。

僕は、**数字は「効率」のためにあり、アイデアは「愛情」のためにある**と考えています。そして、ここ数年で、すべてのビジネスが効率から愛着へと変化しつつあると感じています。GAFAですら、食やエンタメ、文化とつながり、愛着へと乗り出しているからです。僕たちのまわりでも変化があります。例えば、これまで住居は「効率」で選ばれることが普通でした。まさに、駅からの距離、通勤時間、家賃といった数字で測れるものが基準になっていたと思います。

でも、最近では、「この街が好き」「この家の古さが好き」といった愛着で、家を建てたり買ったりする人も増えているし、近くにお気に入りのパン屋さんがあることや、リノベーションした内装のセンスなどで選ぶ人も増えてきていると思います。

特に、新型コロナウイルスの感染拡大で、家で過ごす時間が増え、リモートワークを見据えた家探しも増えているので、この変化は加速していると言えるでしょう。自宅勤務が増えれば、通勤時間はそこまで大きな問題ではありません。それよりも、家の居心地の良さや、周囲に良いお店があるかどうかといった「愛着」の視点が重要になってくるのです。

「おもしろいけど伝わらない」に陥らないために

僕の本業であるコピーライティングのこれからの課題も、愛着につながるストーリーを見つけることと言っても過言ではありません。コピーの本質も、ストーリーの本質と同じく、「商品が欲しくなる物語」だし、**これから「欲しくなる」ためには、消費よりも「共感＋所有」が大切で、「効率よりも愛着」が大切だからです。**

ところで、僕がストーリーやコピーを考えるときの指標は、たった3つだけです。それは、**「知りたい」「欲しい」「話したい」**。もっと知りたくなるか、とにかく買いたくなるか、どうしても誰かに話したくなるか、この3つの指標を考え抜くことだけが、良いストーリー、良いコピーを考える指針なのです。その3つがクリアできれば、ただ興味を持つだけではなく、愛着を生み出すことも可能になります。

この3つの指針をクリアすると、人の深い部分に共感が生まれ、自分ごととして考え始めるので、愛着を持つ方向へと心が動き出します。**これからの時代に大切となる「愛着」を生むには、相手の人生の中にある、「知りたい」「欲しい」「話したい」を考えることが**

図4−1　おもしろさ曲線

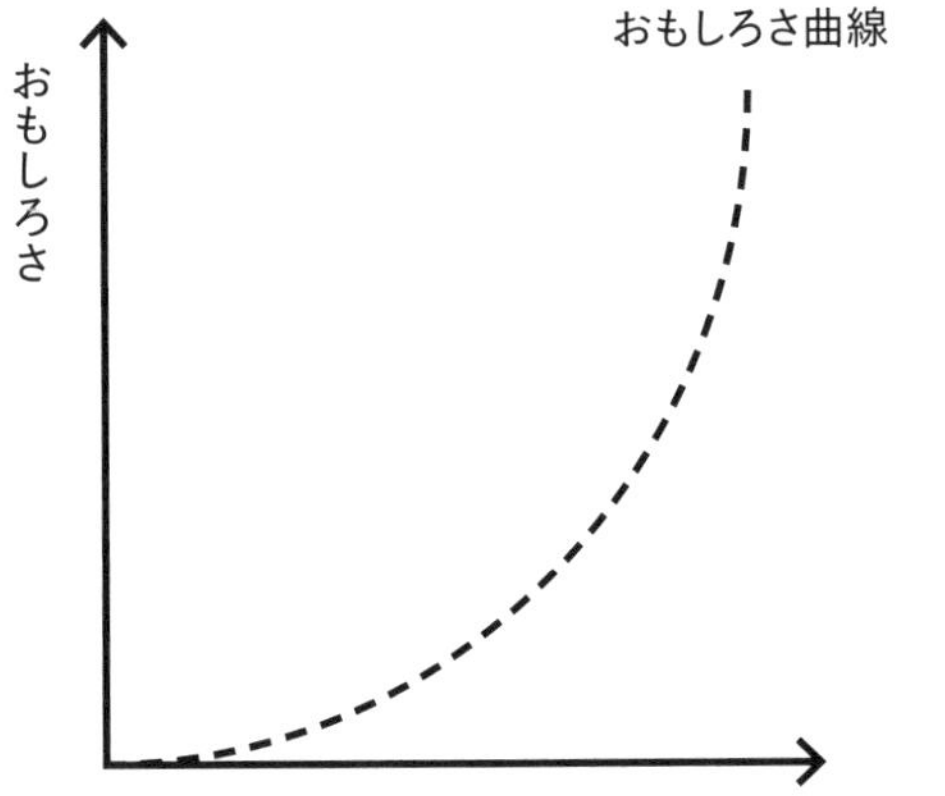

大切なのです。

　さて、ここに、僕がコピーを考えるときに使う、「おもしろさ曲線」というものがあります（図４－１）。これは、縦軸に「おもしろさ」、横軸に「商品からの距離」を置いたもので、コピーなどのメッセージの「おもしろさ」の度合いを示しています。

　ストーリーもメッセージも、商品の機能や企業が言いたいメッセージに寄りすぎると、おもしろみが減ります。例えば、ビールで「とにかくうまい」とか「麦芽１００％」とか、はたまたちょっと色をつけて「超熟成製法でつくった」と言われても、きっと今の世の中の共感はまったく得られません。ちっともおもしろいと

図4−2　おもしろさ曲線②

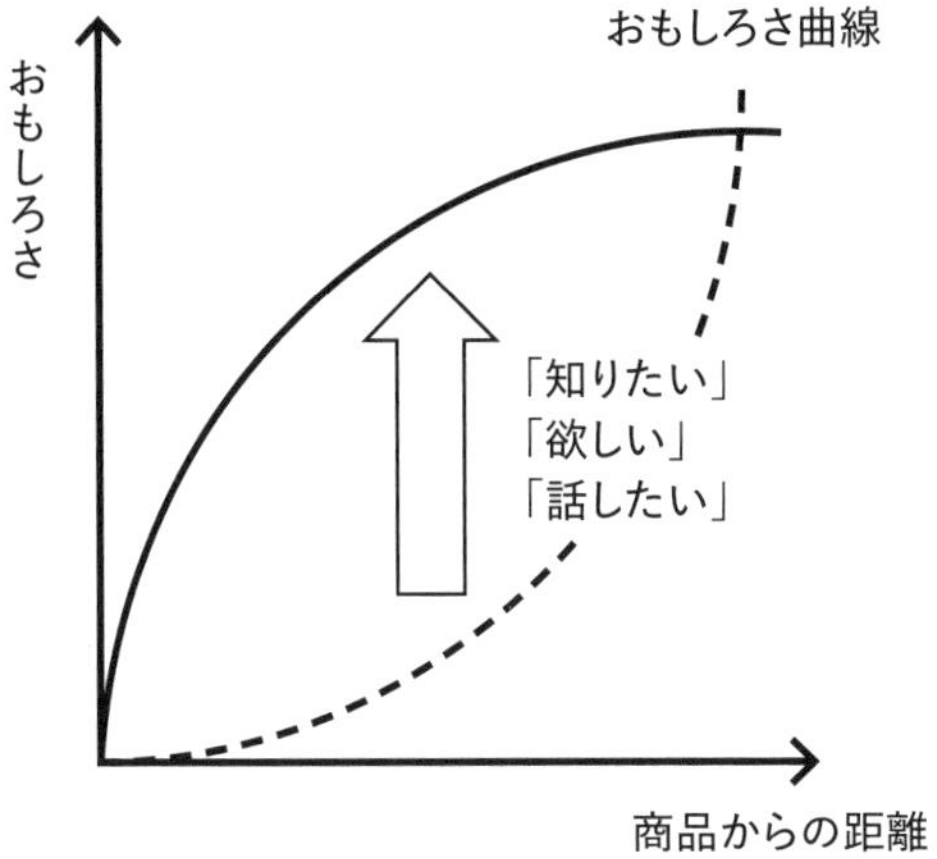

思われないわけです。つまり、商品からの距離が近すぎると、世の中の興味を引けるストーリーにはならないのです。

でも例えば、新しいビールのコピーとして「カブトムシのようなうまさ」とついていたら、どうでしょう？　かなり話題にはなりますよね。だから曲線はすごく上にいくし、一度は買うかもしれません。でもそのビールのおいしさはまったく伝えられていないので、二度と買わないでしょう。だからストーリーとしては選択すべきではない。この曲線で言えば、モノの価値から離れれば離れるほどおもしろいけれど、そもそも「モノを愛せないので」、そのストーリーでは愛着は生まれにくいということです。

では、どういうキャッチコピーやストーリーを生み出すべきかと言えば、適度に商品からの距離がありつつ、おもしろさや共感性が高いものということになります。

そのために重要な視点が、何度も話している「不満」への共感であり、そして「人生」視点で考えることです。これを端的にルール化すると、先ほどの「知りたい」「欲しい」「話したい」という3つの指標になります。

この3つの指標を満たせば、ほぼすべてが「不満」や「ニーズ」をクリアし、しかも「人生思考」にも立脚したものになるはずです。ゆえに、この3つの指標を踏まえながら、商品性が伝わる方法を考えれば、自ずとおもしろいストーリーやキャッチコピーが生まれるというわけです。

1つ、成功例をお話ししましょう。10年以上前に僕が関わった「はなまるうどん」のプロモーションで考えたアイデアです。それは、よく飲食サービスで提供される「50円引きクーポン」を使ったものでした。クーポンキャンペーンは、それだけでも人が動く気になるものですが、アイデアとしてはとても普通で、話題性も共感性も弱い。クーポンの金額が高ければ高いほど、人を動かす力は強くなりますが、このときは50円と決まっていました。先ほどのおもしろさ曲線で言えば、商品からの距離が近く、おもしろさが足りないわけです。さて、どうするか。

僕は、クーポンにストーリーをつけることにしました。それが「期限切れクーポン復活祭」。はなまるうどん以外のクーポンでも、期限切れなら50円引きにするというキャンペーンです。

まだスマホなどの電子クーポンがある時代ではなかったので、みんなの財布には期限切れのクーポンが大量に入っていました。だから、人はとにかくそのクーポンを処分したかった。その上、それが50円引きになるのだから、とにかくいっぱい使われました。結果として話題になり、集客にも貢献して、大ヒットとなりました。さらに、このアイデアだと「自社でクーポンを発行しなくていい」ので、お金もかからないというおまけつき。まさに一石二鳥のアイデアでした。

「50円引きクーポン」をそのまま伝えるだけでは、おもしろさが足りない。そこで、「知りたい」「欲しい」「話したい」の指標を踏まえ、共感されるストーリーをプラスしたわけです。そうすれば、「いわゆるクーポン」もおもしろくなり、愛着も生まれるのです。もし皆さんが、プロモーションアイデアに困っている場合は、この3つの指標からストーリーを加えてみるようにするといいと思います。

強いストーリーをつくるアプローチ

誰でもストーリーが生み出せるようになる「5つの方法」

さて、すでに本書でも何度も触れているように、ストーリーはアイデアを広げ、人々の心を動かすために必要不可欠なものです。だから、皆さんもぜひ、ストーリーをつくり、アイデアを広げるために使っていただきたいと思います。

……とはいえ、いきなりストーリーをつくれと言われてもちんぷんかんぷんですよね。そこでここからは、僕が長年の経験から生み出した、ストーリーをつくるアプローチと広げ方をご紹介していきたいと思います。方法は、「アプローチする方法」と「広げる方法」を合わせて10あるので、最初からすべてを理解しようとせず、まずはざっと読むだけで結構です。

では早速、「強いストーリーをつくるためのアプローチ」からまとめてお話ししましょう。5つの方法があります。

強いストーリーをつくるアプローチ①

「数字アプローチ」

これは、アイデアを伝える際に「イメージよりも事実の数字を使う」という方法です。どんな人にも、どんな内容でも、事実の方が人の興味を引くし、人にも話したくなります。特に「数字」は話しやすいので拡散力が高くなるため、ストーリーに向いています。だからアイデアを考えたら、それを数字で置き換えて話せないか？　と考えてみるわけです。

例えば、ビタミンCが多い商品を、レモン100個分のビタミンCと表現するようなもの。なにかと比較することで人は多く感じるし、話したくなります。また、あの人は1日で1億円稼いだらしいという噂話も強力な波及力を持ちます。「節電しよう」よりも、「コンセントを3本抜こう」の方が行動しやすいし、早帰りよりも、「午後3時終わり」の方が情報になりやすい。リアルな数字＋興味津々《しんしん》の内容になると、より効果的なストーリーになります。

考えてみよう!

今、あなたが仕事で扱っている商品やサービスで、数字を使って表現できる事実はありますか?

強いストーリーをつくるアプローチ②
「特別アプローチ」

これは最もポピュラーなストーリーの手法で、比較、限定、差別化、オリジン化、ナンバーワン化、オンリーワン化など、特別化をすることで、「買うべき理由」を加える方法です。例えば、ダイソンの「吸引力の変わらない、ただひとつの掃除機」などはその典型。「たった1つだけの」「世界一の企業」「このジャンルで売上ナンバーワン」などはわかりやすく人々の心を動かすストーリーだということです。また、「この店だけのオリジナル」「元祖」「1000年続く老舗」とか、「この季節しか食べられない」なども、「特別感」を生み出すことで、人の心を動かすものだと言えるでしょう。

そしてこの「特別化」の中でも効果が高いと僕が思っているのが「限定」です。そもそも人は、限定に弱い生き物です。「なんでもできる」「いつでもできる」は、一見うれしいことのように見えますが、それでは人の心は動きません。むしろ、「これしかできない」「これしかない」と提示されたときの方が、欲求が掻《か》き立てられ行動に移すのです。

マスコミでも話題になった「佰食屋《ひやくしよくや》」という国産牛ステーキ丼の店は、この「限定」をコンセプトにした店だと言えます。その名の通り、1日100食限定のお店。基本的にランチで売り切れてしまうので営業時間は昼だけ。限定にしたことで働き方も変わり、それも話題になりました。

また、なかなか買えないことで話題の「Mr. CHEESECAKE」も、ネット限定、数量限定、販売日限定などの限定づくしでヒットした商品と言えます。まさに、「限定」をうまく使ったお手本のような商品と言えるでしょう。

さらに、「○○の日」という限定（特別化）のストーリーも、広く人の心を動かすストーリーだと言えます。おもしろいことに、人は「この日だけは○○しよう」と決められると行動しやすくなります。クリスマスにはチキンとケーキを買うし、母の日にはカーネーションを買う。防災の日には防災意識が高まり、土用《どよう》の丑《うし》の日にはうなぎを食べる。これらのように「〇〇の日」は、多くの人々の心を動かストーリーになるのです。

これをうまく使ったのが、サントリー「ザ・プレミアム・モルツ」の「金曜日はプレモルの日」というメッセージでした。あえて飲むタイミングを指定し、華やかな特別感も演出したこのキャンペーンは、高価でなかなか飲まれなかったプレミアムビールの需要を一気に押し上げました。おもしろいのは、「金曜日だけ」に特化するという限定的な売り方にもかかわらず、他の日にも買う人が多くなったこと。おそらく明確に「買う日」を指定することで話題となって拡散し、普段の日にも思い出すようになったからだと思います。

マルチよりもニッチがウケる時代。インターネットやSNSが普及し、人の情報収集範囲が拡大したことを背景に、ニッチな商品やサービスでもユーザーから見つけてもらえる可能性が高まりました。ここからは、あえて不便な場所に、限定の店を出すことも増えてくるでしょう。過去には不満だったものが、時代が変わりニーズになっていく。それを感じつつ、あえて不便な限定、特別化を使うのが、これからのストーリーの主流になるかもしれません。

考えてみよう!

今、あなたが仕事で扱っている商品やサービスで、限定や比較の手法を使って、特別化できることはありますか?

強いストーリーをつくるアプローチ③「記憶アプローチ」

3つ目は、アイデアを広める際に、過去の体験や思い出に結びつく言葉や音楽やシチュエーションを使うアプローチです。人は、昔聴いていた音楽や懐かしい風景、卒業や入学のシーン、桜の花、花火やビニールプールなどの夏の情景、初恋の感覚、受験や就活の空気、上京のドキドキなど、過去の記憶が呼び起こされると、共感が増し、誰かに話したくなります。CMで往年の名曲が使われたり、青春のシーンなどが多く使われるのはこのためです。

もちろん、子どもの頃に見たビジュアルや体験した記憶もまた強力。小学生の頃にやったゲームの音や絵はずっと心にあるし、昔食べた味は、死ぬまで記憶に残ります。懐かしい田舎の匂いや、ある時期にテレビでよく見たタレントなども共通体験として使えます。

先ほど触れたように、「あの頃」「あの空気」「あの音」「あの味」という「あの」が記憶に残っているからこそ、ストーリーとして機能するわけです。僕はその中でも特に「あの感覚」が強いストーリーとして、「13歳の記憶」にフォーカスすることが多くあります。いわゆる「中二」あたりの記憶は鮮明で、かつ、その人の心の深い部分を動かすからです。

ところで、スタジオジブリのアニメーション作品が圧倒的に支持されるのは、この「あの頃」への共感が凄まじく、あの頃に戻りたいという望みを叶えてくれるからだと思います。ある世代以降は、現代生活で疲れた心の癒しのために映画館へと足を運んでいるのかもしれません。ただ、ジブリがすごいのは、実際に体験していなくても「どこかで見た」「懐かしい」という感情が呼び起こされること。記憶は本当のものじゃなくても、憧れや共感が強ければ、心を動かせるのでしょう。まさに神業だと思います。

ところで、この章の冒頭で「切望と快感」を叶えることがストーリーとして重要と話しましたが、この記憶アプローチでもそれを応用することができます。例えば、お母さんの味は強い記憶ストーリーですが、それを食べたいと願う思いを叶える食品をつくると、人は強い思いで動き始めます。ファミリーマートの「お母さん食堂」や各地にある「お母さんの味」のデリなどが流行っているのもその理由だと思います。また、アミューズメント施設を開発する際にも、ただ楽しい施設をつくるより、子どもの頃に感じた「雨の後のアスファルトの匂い」を感じられる施設の方がおもしろくないでしょうか？　きっとお父さん連中が大量に集まってくると思われます（笑）。記憶を思い出す音や言葉や味を使うだけではなく、実際に、もう一度聞きたい、食べたい、感じたいと思っている記憶が提案されれば、深く共感して心が動くということです。記憶＋切望を叶えるという視点は、強い共感を生むのと同時に、これからの商品や施設の開発のキーワードになると思います。

考えてみよう!

今、あなたが仕事で扱っている商品やサービスで、過去の記憶と組み合わせた施策を考えられますか？　また、「あの○○」と表現できることはありますか？

強いストーリーをつくるアプローチ④
「体感アプローチ」

4つ目は、実体験や体感記憶を利用したアプローチです。例えば、熱い、冷たい、ゾワゾワする、ドキドキする、胃がキューッとなるなど、アイデアを人の五感とつなげることでより強い共感を生み、誰かに話したくなるようにする方法です。

例えば、自販機の「あったか〜い」などはこの体感を応用した売り方と言えます。またジェットコースターなどは、あの落ちる感覚を伝えることで乗りたくなるし、サウナは、「ととのう」感じを表現することで何度も通ってしまう。このような「体感」を応用したストーリーを共有すると、体や脳にこびりついた感覚が呼び覚まされ、多くの人の心を強く動かすことになるのです。

全米で150万部を超えた『アイデアのちから』（原題：『Made to Stick』）の冒頭は、気を失っている間に腎臓を取られた男の都市伝説の話から始まります。この「臓器狩り」の話は、一度聞いただけで、他の人にほぼ同じ話を再現することができます。「睡眠薬入りの飲み物」を飲まされ、「氷風呂」に浸かって目覚め、「腰のあたりからチューブが出ていて」臓器を取られたことを確信するというこの3つが、体感を伴ったビジュアルとしてイメージできるからです。その昔に、日本中に広がった「口裂け女の怪談」なども同じ。ある共通のイメージとゾワゾワする体感は他人にどんどん伝播していきます。アイデアも同じ。一度、体感記憶とつながると、鮮明に記憶に焼きつき、結果、リアルな感情を伴った強いストーリーとして人に話す可能性が高まります。

2001年に発売されたキリンの「氷結」は、この体感イメージがストーリー化して売れた商品だと思います。プルトップを開けたときの、あの「カシャ！」という缶の変化が病みつきになった人が続出。味わいと連動した感覚がストーリーとなって広がり、爆発的に売れたのです。また、最近流行しているシューズメーカーの「HOKA」も、履いたときのフワフワした感覚が忘れられずに何度も買ってしまうようです。それを伝えるために開発された「足を癒す」というコピーは、まさに、これまでのシューズとは違う感覚であることを伝えていると思います。まさに「体感アプローチ」をしっかり理解したモノづくりと広告。僕も、「売れ型」としても見習うべきことだと思っています。

考えてみよう!

今、あなたが仕事で扱っている商品やサービスで、五感につながる特性はありますか？ また、それを商品やサービスにすることはできますか？

強いストーリーをつくるアプローチ⑤ 「善行アプローチ」

最後、5つ目はストーリーの要素というよりも、企業姿勢や企業活動がストーリー化するものですが、これからの「売れ型」としては非常に重要なこと。ぜひ実践してもらいたいので、ここに取り上げました。

この「善行」とは、すなわちソーシャルグッド。この10年ほどで急速に進化・拡大したストーリーです。特にこの数年は、SDGsを背景に強い共感を生むものとなりました。ただお金儲けすることには、もはや社会的な共感は生まれず、それが地球に良いのか、サステナビリティはあるのかなどが、ストーリーのポイントとして重要になったのです。

特に最近では、Black Lives Matter（ブラック・ライブズ・マター／アメリカで始まった人種差別抗議運動）や女性蔑視に反対する企業行動、環境対策、フェアトレード、アップサイクルなどの社会課題に注目が集まり、人の心を動かす強いストーリーになっていると思います。

すなわち、「善行」を行っている企業の商品には共感が集まり、広がる可能性が高い。だからこそ、それをストーリーとして商品とともに発信すべきだということです。

ところで、前述の4つのアプローチも、この視点、すなわち「良い行いか？」という問の答えにふさわしくなければ、ストーリーとして機能しません。1日に1万本売れても、環境に悪ければ企業への悪評になりますし、昭和の人間関係を愛おしく描いても、それがパワハラやセクハラを助長したら炎上する。この最後のアプローチはストーリーをつくるための視点であり、世の中にストーリーを出す際の判断基準でもあるのです。

いつの時代でも、人の気持ちを動かすには「知りたい」「欲しい」「話したい」など、前向きに「やりたい」という衝動を呼び起こすことが必要です。それがないと人は行動せず、人に話そうとも思いません。そして今は、その「やりたい」ことが「社会的に良いこと」であることが多い。だからこそ、人の心を動かし、誰かに話したくなるストーリーを生むには、「良いことをする」という視点が大切なのです。さらに、その「良いこと」が個人的なことではなく、時代や地球として「良いこと」であれば、より大きなうねりとなって人の心を動かします。

例えば、スターバックスは、フェアトレードコーヒーを積極的に採用したり、コーヒー生産地の環境保全をサポートしてきましたが、近年、プラスチックゴミをなくす活動で世界をリードし、また、聴覚障害者が従業員として接客する「手話が共通言語」の店舗が日本にできたことも話題になりました。こうした取り組みは、強いストーリーとなってスターバックスのブランド向上につながっていますし、多くの人が「やっぱりスターバックスはいいよね」という思いを人に話すようにもなっています。

ちなみに、僕はここ15年ほど、ブランドの良し悪しを判定する手法として、この「善行アプローチ」を背景にした指標を使っています。それが「ブランド推奨度」。一部ではNPS（ネットプロモータースコア）とも呼ばれているもので、ブランドへの愛着や信頼を測るために、「その企業や店舗、商品などを、大切な友だちに薦めるか？」と問いかける手法です。良い取り組みをしている企業や店舗、商品は友だちに薦めたくなりますよね。逆に、コーヒー生産者を搾取しているようなコーヒーショップであったら、安価でコーヒーが飲めても友だちに薦めようとは思わないでしょう。

昔は、ブランドのパワーを計る指標として、認知度（知ってる）があり、その後、好意度（好き）が生まれましたが、これからの時代は、この推奨度（薦める）が最も意味を持つ時代だと思います。まさに、人に薦めることが、ブランドのパワーになる時代になったのです。「いいことをする」のは重要な企業活動であり、回り回って「売れる」につながるストーリーになります。近年、企業が一見売上にはつながらないＣＳＲ活動に多くのお金を割いているのはこのためです。

考えてみよう!

今、あなたが仕事で扱っている商品やサービスで、ソーシャルグッドとして世の中に発表できることはありますか？

ストーリーを使ったアイデアの「広げ型」

「こうすればもっと話したくなる！」5つの方法

さて、ここまでにストーリーをつくる方法として5つのアプローチをお話ししましたが、いかがでしょう？　少しストーリーが身近になったかと思います。

そしてここからは、ストーリーを使ってアイデアを広げる方法、まさに「広げ型」をお話しします。「こうすればより伝わるようになる」「もっと話したくなる」など、要は手法の話ですので、さらに理解しやすいと思います。広告やプロモーションの具体例を提示しながら話していきますので、ぜひ、自社のモノ・サービスに当てはめながら読んでみてください。

ストーリーでアイデアを広げる方法①
「ビフォー・アフター」で話す

これは最もシンプルな「広げ型」だと言えます。序章でも話したように、人は、「マイナスからプラスへ」という変化を見るのが大好きです。「大改造!! 劇的ビフォーアフター」という人気のリフォーム番組もありましたし、ワイドショーなどでもヘアメイクやスタイリストが視聴者を変身させるコーナーがあったりします。Netflixの大人気オリジナルシリーズ「クィア・アイ」という番組も、「自分を変えたい」と望む相談者の変身っぷりが人気を集める1つの理由になっています。変身前と後のギャップが大きいほど、人はカタルシスを得るのです。

このように、マイナスからプラス、すなわち「不満から理想」への変化を目の当たりにすると、人は強く共感するだけではなく、「そうなりたい」という願いを持ちます。その願望を生むことこそが「売れ型」であり、「広げ型」の極意。ただ商品やサービスの良さを提案するのではなく、ビフォー・アフターで提案することで、より興味が生まれ、さらに人に話したくなるということです。一般的に、**商品の良さを伝えようとすると「アフター」だけで表現しようとしますが、できるだけ、ダメなとき、できないことなどを一緒に描けば、より深く世の中の共感を得られるのです。**

ただし、ビフォー・アフターであれば何でもいいわけでもありません。大切なのは、現状の「不満」を的確に捉えて、的確に表現すること。「ビフォー」の不満がぼやけていたり、漠然としていると共感が生まれず、結果的に「アフター」にも共感されません。

それをうまくやり抜いて、的確な「ビフォー・アフター」をストーリーとして見せたのがライザップのCMでした。普通のエステや痩身系のサービスだと、そもそも美しい人が広告に出てきたりするので現状の不満がぼやけるのですが、ライザップはあえて、うつむいた様子のぽっちゃり体型の人を見せることで、現実への共感を生んだ。ビフォーとしてしっかりと「わたし」の不満として認識させたわけです。そして鮮やかな成功例としてアフターを見せた。共感した上で理想の自分を見るからこそ、「私もああなれるのかもしれない」という願望が生まれ、行動を喚起できたのです。

このようにビフォー・アフターは、とても効果のある「広げ型」なので、ぜひ使って欲しいと思います。使い方はカンタン。商品・サービスの広告やPRを、この「ビフォー・

アフター」で描いてみるだけ。それだけで劇的に共感が増すと思います。

考えてみよう!

今、あなたが仕事で扱っている商品やサービスを、ビフォー・アフターで話すとしたら、何を話しますか?

ストーリーでアイデアを広げる方法②
「おすみつき」をもらう

これは、先ほどアプローチする方法②で触れた「特別アプローチ」をより強くした「広げ型」。自社で「良さを言う」代わりに、「権威のある第三者」に「良さを言ってもらう」ことで、より「欲しくなる」「言いたくなる」ようにする手法です。

人は、権威に弱い生き物です。偉い人や、芸能人、さらにはプロの「おすみつき」があると欲しくなるし、さらに信頼性が高い団体の推薦や、権威のある賞に選ばれたりすると、どうしても手に入れたくなってしまうものです。実は、先ほどお話しした「ザ・プレミアム・モルツ」は、「特別化（限定）」に加え、この「おすみつき」もストーリーとして使っています。そう、「最高金賞のビール」というコピーです。

当時のプレモルは、それまでのビールと比べて格段に味がリッチになり、まさにプレミアムビールにふさわしいおいしさでした。でも、いくら企業側が「おいしいですよ」と訴えたところで、そのおいしさはなかなか伝わりません。そこで、おいしさを客観的に証明するために、食品などの品質を認定するモンドセレクションの審査を受けたのです。モンドセレクションには、ブロンズ、シルバー、ゴールド、グランドゴールドという4つの賞があり、プレモルはグランドゴールドを受賞しました。

でも、「モンドセレクション・グランドゴールド受賞！」では、うまく伝わらない。「グランドゴールド」が何か、みんな知らないからです。訳語として「大金賞」というものがあったのですが、それでもまだよくわからない。

そこで、サントリーの担当者が開発したコピーが「最高金賞」。これなら、すごい賞だということがひと目で伝わります。本来、食品の広告では、法律で定められたガイドラインによって「最高」といった最上級表現は使えないことになっています。人の感想として使うことはできますが、「最高のビール」とは謳えないのです。

でも、「最高金賞」をとったということは事実なので、使うことができる。モンドセレクションの本部に訳語として「最高金賞」を使うことの許諾《きょだく》もとり、晴れて堂々と「最高金賞のビール」と言うことができました。ここでもまた「特別化」のストーリーが手に入ったわけです。このストーリーは、ビールのように差別化が難しい領域ではとても効果的で、店頭や飲食店で「最高金賞」という言葉が広がり、まさに破竹の勢いで売れていったのです。このようにプレモルは、「限定」「おすみつき」「最高」というさまざまなストーリーが機能して広がった、ストーリードライブの商品でもあったのです。

石川県羽咋市《はくいし》の神子原《みこはら》地区で生産される「神子原米《みこはらまい》」をローマ法王に献上し、ブランド化に成功した、スーパー公務員、高野誠鮮《じょうせん》氏の行動も、まさにこの「おすみつき」ストーリーの実践だと思います。見向きもされなかったお米や地域が、「ローマ法王への献上米」というストーリーのおかげで世界から注目されました。さらに特筆すべきはこの高野氏の行動には「お金」がかかっていないこと。ただ、誰も考えつかなかったくらい突飛で優れた「おすみつき」のアイデアだけで、世界的に話題になる「売れ型」を編み出したわけです。

このように、第三者のおすみつきを得ることは、レベルの差こそあれ、すべて「売れる」ことに貢献する「売れ型」になります。だからぜひ、あなたの商品やサービスも賞に応募したり、プロに褒めてもらうなどの展開を考えてみてください。また他にも、NASAが使っているとか、国が認めているなど、国家レベルのおすみつきも効果的。調べると意外に言えることも多いので、一度、技術や内容を調べることも必要かもしれません。

考えてみよう!

今、あなたが仕事で扱っている商品やサービスで、なにかの賞に応募したり、その業界の第一人者からおすみつきをもらえるポイントはありますか?

ストーリーでアイデアを広げる方法③
「バトル」に持ち込む

「火事と喧嘩は江戸の華」なんて言いますが、人はレベルの差こそあれ、おおむね「戦い」を見るのが好きです。コロッセオでの剣闘士同士や猛獣との戦いが見世物になっていたローマ時代から、戦いは人気のある娯楽ですし、今も、テレビの公開討論などが人気なのは、戦うことが注目を集める証拠でしょう。

このような「戦い」に注目が集まるのは、実は、「売れ型」でも重要なこと。なぜなら、商品が最も売れるのは、「戦争状態」のときだからです。もちろん本当の戦争じゃなく、商品ジャンル内でのバトルが起こっているとき。過去で言えば、ビールの「ドライ戦争」やクルマの「ハイブリッド戦争」など、いつの時代も流行したジャンルがあると、次々に新しい商品が投入されて戦いが起き、それが社会の話題となり、誰もが話題にするので、ストーリーとして速く広まるのです。「ラーメン激戦区」なども戦いで売上を伸ばしている一例。AKBグループが盛り上がったのも「総選挙」という、擬似的な戦いがあったからこそ、応援する側も燃えたのでしょう。

発売当初に伊右衛門が売れた大きな理由の1つも、競合となるペットボトル緑茶との「緑茶戦争」があったからだと言えます。当時は「お〜いお茶」「生茶」「綾鷹」など、群雄割拠状態。コンビニでも、たくさんのフェイス（コンビニ内の陳列棚の区域）がとられ、「話題なんだ！」と思える状態が生まれていたからこそ、売上も伸びたわけです。

つまり、戦争状態に見えるストーリーを描けば、売上が上がるというわけです。そのために、武器となる考え方が**「2強戦略」**です。僕の経験では、人は、1ジャンルでトップの2つまではメジャーだと思い、そのライバル関係に注目します。つまり2番目までは、自ずと知名度が上がり、ときには実態以上のメジャー感を持つことがあるのです。ゆえに、商品を市場に投入する際、自社の商品だけを扱わず、あえてジャンルトップの商品と並べられる「テーマ」を見つけ、それを並べてPRするわけです。

例えば、「電博」という言い方があります。これは、広告代理店大手の電通と博報堂のことですが、ビジネスパーソンの間ではどちらも有名で、知名度という点で優劣がつかないように思えます。しかし、売上やシェアは決して拮抗《きっこう》しているわけではありません。実は、電通の売上高は博報堂の約3倍強（日本の会計基準での売上高を参考）で、2位に大きく水をあけています。でも、「電博」と言うと、対等なライバルのように見えますよね。これが2強戦略の魔法。まさに、トップ争いをネタに、知名度やブランドのレベルを引き上げ、さらに言いやすくすることで世の中に拡散させる「広げ型」なのです。

あなたの手掛けるモノ・サービスがシェア3位以下ならば、まず2位を目指す。そして、1位とライバルのように見せることができれば、知名度はぐんと上がるはずです。さらに言えば、この「バトル」の型で大切な点は、実は、どんな業種でも商品でも、切り口さえ見つけられれば、トップを争えるということです。掃除機だと、吸引力ではダイソンと互角とか、自動車の燃費ではプリウスと互角などもよく聞きますし、最近では「人事部が選んだ信頼できるブランド」のように限定的なジャンルでトップを争うなどもありま す。つまり、勝てそうな切り口を見つければ、どんな商品も「バトル」の型を使えるということ。ぜひ、「2強」になれるポイントを探してみて欲しいと思います。

考えてみよう!

今、あなたが仕事で扱っている商品やサービスで、2強のバトルに持ち込めるポイントはありますか?

ストーリーでアイデアを広げる方法④
「記号化」する

記号化は、商品やサービスをより強く記憶に残し、広めるためにとても効果的な「広げ型」です。先ほどストーリーのアプローチで話した、「数字」「特別」「体感」などと組み合わせることで、より効果を発揮します。

記号化の方法としてメジャーなのはマークやロゴですが、音楽や動き、シンプルな標語や、ブランドカラーの刷り込みなども記号化に当たります。例えば、コカ・コーラの赤いロゴや、オレンジのauロゴなどもそう。色や文字のカタチを見るだけで、ブランドが想起されるし、世の中で多く目にすれば認識力も高くなります。これがただの文字だけだったり、色がなかったことを想像すれば、その差はわかるでしょう。

ところで信号機の色である、青、黄色、赤の三色も、全世界共通の色の記号化と言えます。あの3色はＣＩＥ（国際照明委員会）によって信号機に割り当てられた色で、霧や雨でも見やすい色として選ばれたと聞きますが、すでに「色記号」として僕たちの脳に刷り込まれているので、赤色で「進め」と書かれていたり、青色で「止まれ」と書かれるとすごく違和感が生まれると思います。このように色は、強いストーリーとして人の心を動かすので、例えば、「広げ型」として前向きな数字を青色で表現したり、注意を喚起するものを黄色で表現したりなど、考えてみるのも良いと思います。

また色やカタチだけではなく、「いいことあるぞ～ミスタードーナツ♪」「セブン-イレブン、いい気分♪」などのサウンドロゴも、思い出して買いたくなるストーリーとなります。あなたも一度ぐらいは、CMで流れてきたサウンドロゴを口ずさんでいたなんてこともあるでしょう。それだけ強い記憶として刻まれるわけです。

さらに、以前に流行った「恋ダンス」や昔の「ピンク・レディーの振り付け」、バブル世代の「パラパラ」なども人の心を摑んで離さない、動きのストーリーでした。

最近大きく躍進した「ビズリーチ」も、この動きを応用したストーリーをCMに持ち込んでいます。あの「人差し指を立てて『ビズリーチ!』と叫ぶ」動きと音が、世の中にどれだけ浸透したか。僕らが普通に「ビズリーチ」と声に出すときですら、(悔しいけれど) あのシーンを思い出してしまうぐらいですから、この動きと音がどれだけブランドの認知や共感に貢献したか、計り知れません。本当に効果のある動きのストーリーだと言えるでしょう。

このように、カタチ、色、音、動き、そのどれもこれも、言葉で説明するよりも早く、強く人の心を動かし、虜《とりこ》にして、世の中に拡散する力があります。すなわち、これも強力な「ストーリー」と言えるのです。

そう考えれば、世の中には「記憶に残し拡散させる」ために生まれたストーリーがいっぱいあることがわかるでしょう。言葉やビジュアルはもちろん、音楽、温度、湿度、手触り、味などの五感を通じて記憶に残す方法はないかと考えれば、もっと売れるストーリーが生まれることもあるのです。

考えてみよう!

今、あなたが仕事で扱っている商品やサービスで、カタチ、色、音、動きなどを使って広げられるアイデアを考えられますか?

ストーリーでアイデアを広げる方法⑤
「コミュニティ」を味方にする

最後は、これからの時代に最も重要となる考え方。コミュニティを味方にする方法です。人は、群れる生き物です。好きなアイドルにも、流行の商品にも群がります。みんなと違うモノが好きという人や、「俺は孤独な一匹狼だぜ」という人もいますが、やはりまれだと思います。

どんな時代でも、好きなモノやサービスに人は集まり、そこにコミュニティが生まれてきました。そしてそのコミュニティの思いが広がり、多くの人を巻き込み、その商品やサービスが売れることをドライブしてきたのです。

でも、そのコミュニティに「広告」をしたからといって、必ずムーブメントが起こるわけではありません。熱狂的なアイドルのファン層やモノの信者を想像するとわかりますが、きっと企業の伝えたいことをコミュニティに投げても反感を買うだけです。コミュニティをドライブするためには、広く告知するのではなく、まず少数の本当に濃いファンに思いを届けることを目指すべきです。なぜなら、前にも触れたように多種多様な人が生きる時代には、「みんなに届け」では届かず、「あなたに届け」と考えてようやくメッセージが届くからです。また、SNSの時代に「広がる」ためには、マスな人数は必要なく、コアな人たちの盛り上がりこそが大切です。少数のコアなファンが盛り上がれば盛り上がるほど、その商品やサービスの情報は勝手に拡散していくのです。そのためにも「こんなの普通の人じゃわからないよ」と思えるほどコアで、濃く、深く、盛り上がるネタを提供することが大切。そうすれば企業が意図していないところで勝手に話題が広がっていき、商品の売上も上がるようになります。

ところで、「2・5次元ミュージカル」をご存知でしょうか。これは、「2次元」の漫画やアニメ、ゲームを原作とする「3次元」の舞台コンテンツです。ミュージカル「テニスの王子様」が最初のヒット作と言われ、今では若手俳優の登竜門と言われています。動員数や市場規模、タイトル数も右肩上がりです。2015年にトライアル公演が行われたミュージカル「刀剣乱舞《とうけんらんぶ》」は大きな反響を呼び、2018年の紅白歌合戦に「刀剣男士」が登場したことでも話題になりました。この2・5次元ミュージカルも、最初はコアなファンが集まって楽しんでいたもの。それがコミュニティ化し、一大ジャンルへと成長していったのです。もはやコミュニティこそが大きな市場をドライブする存在ということです。

また、マスレベルの「仲間意識」が生まれるのも、コミュニティの派生形として重要なポイントです。例えば、地上波のテレビで、映画『天空の城ラピュタ』が放映される際に、劇中のタイミングに合わせて一斉に「バルス！」とツイートする、通称「バルス祭り」は、一部のジブリファンの間で自然発生的に起きた現象ですが、視聴している人たちの仲間意識を強め、日に日に参加者が増え、今では全国的に人を動かし参加するモチベーションとなっています。このように、一緒になにかをする楽しみを増やすのも、コミュニティ型のストーリーと言えます。
ただ難しいのは、企業が意識的にコミュニティをつくろうとしても、うまくいかないことです。「バルス祭り」も、番組側や企業のアカウントが意図的に盛り上げようとした結果、かえって下火になっていきました。あくまで、そのモノ・サービスが好きな人たちが自発的に情報を発信しないと、世の中が共感するストーリーにはなり得ないのです。
だからこそ、この最後の型「コミュニティ」の極意は、いかに企業色を消すかにかかっています。そうしてコアファンだけが知っている盛り上がりポイントを研究し、コアに投げ込むようにすることです。そのためには、あなたの会社内にひっそりと隠れている**「コア社員」**を見つけることも大切。普段は見えない知識やオタク能力を花開かせることで、市場が一気に広がることもあります。既存の仕事意識で見ず、**コミュニティ意識で見れば、あなたの会社には、世界を変えるほどの、とんでもない宝が隠れていることもある**のです。

考えてみよう!

今、あなたが仕事で扱っている商品やサービスで、少数の濃いファンを集められて、話題としてくれるコミュニティはありますか？　それを引っ張る社員はいますか？

さて、ここまでに「広げ型」の中のつくる方法と広げる方法として10の話を終えましたが、いかがでしょう？　日々の仕事に応用できるストーリーの「型」が、いくつかあったと思いますので、ぜひ、使ってみてください。

ちなみに、ここでご紹介した「広げ型」の他にも、キリンビールが実施したサッカー日本代表応援キャンペーンの「勝ちT」に代表される、願掛けや願いを活用した「願い」の型、メディアが取り上げたくなる情報をあえて出す「メディア好き」の型など掘り下げていけば、まだまだ「型」はあるので、ぜひ、自分でも「広げ型」を探して欲しいと思います。そのためには、自分がどういうときに心が動くのか、自分の不満やニーズをよく観察することが大事です。何をおもしろいと思うのか、どういうものがあったとき「やってみたい」「食べてみたい」「行ってみたい」と思うのか。そこから逆算していくと、あなただけの「広げ型」「売れ型」が見つかるはずです。

なぜ今、そのストーリーが流行るのか？

企業発信から個人発信へ、ストーリーは変化している

ここで、先ほどから話している「ストーリー」について、違う角度からの考察を始めましょう。まずはストーリーのトレンドが変化しているという話からです。

まず前提として、広告やマーケティング上のストーリーは、企業から世の中に1つのことを繰り返し伝える手法とされています。ストーリーがいくつかあることもありますが、基本的には、1ブランドに1つだけが理想。例えば、ダイソンの掃除機なら「吸引力の変わらない、ただひとつの掃除機」だし、大人気のアウトドアブランドであるSnow Peakであれば、「人生に、野遊びを。」だし、ニトリであれば「お、ねだん以上。（安くて品質のよいものを提供する）」といった企業から発信される言葉が、そのブランドの唯一のストーリーであることが多かったと思います。

ところが近年、インターネットとＳＮＳの普及を背景にして、そのストーリーの前提が大きく変わってきました。ＳＮＳが普及したことで、テレビやラジオ、新聞、雑誌などのマスメディアを経由しなくても、一般の人々が、多数の人に情報を発信できるようになったからです。企業ではなくユーザー自身が発信・拡散する情報が増えれば、それに対応してストーリーも進化する。その進化系ストーリーが、**「ナラティブ」**です。

ナラティブとは「語れるネタ」を核にした拡散の方法。企業側から同じことを何度も伝えるストーリーとは違い、コミュニティ内で「ネタ」が盛り上がり、話題化するタイプのものです。

第３章で例にあげた一眼レフカメラの場合だと、例えば、「運動会で、子どもの一瞬の表情を逃さない、世界一の連写性能」ということを、いろんな接点で何度も伝えるのがストーリーの手法だとすれば、「運動会で子どもの表情を絶対逃さない10の神技術」のように、子育てコミュニティで話題になりそうな「ネタ」を投げ込み、そこから「その神技術はこのカメラで」とつなげていくのがナラティブの手法です。

ちなみにナラティブはＳＮＳやコミュニティの興味を前提としているので、これからの時代には有効だと言えます。それに対し、ストーリーは、長い時間、ロングテールで、多くの人に伝えるのは有効です。

ただ、ストーリーもナラティブも「商品が欲しくなる物語」という点では同じこと。その商品、そのタイミングで、相手の心が動くかどうかが勝負。ゆえにどちらも、ターゲットとタイミングに合わせて使い分けるのが良いと、僕は思っています。

もう少し、ナラティブについて語りましょう。近年、映画の「応援上映」が盛んですが、これもナラティブの一種と言えます。映画の上演中に観客が掛け声などをかけることが認められている上映スタイルですが、昨今は、サイトで投稿したコメントをスクリーンに流すという新しいスタイルの応援上映も生まれていたり、スポンサーロゴの表示で拍手をするオリジナルの掛け声が発生するなど、ネタが行動を生み、それが話題化して、またネタとなるなど、独自の様式での進化が止まりません。

新型コロナウイルスの影響で実施が難しくなりましたが、とても人気のある「映画の観方」だし、これをきっかけとしてさまざまな「新しい映画の楽しみ方」が生まれ、さらに映画館へ人が足を運ぶ強いモチベーションを生んでいる点からも、ナラティブの立派な一例であると思います。そして今後、新しい映画作品の応援上映に「新しいネタ」を投げ込めば、コミュニティからの発信が独自に起こり、拡散し、それを聞いた人が体験してみたくなり、また劇場に足を運ぶ人が増える。そんな「売れ型」も想定できるということです。

このように、SNS時代を見据えた「ナラティブ」が台頭してきたことで、一方的に発信する「ストーリー」は終わったと言う人もいます。でも、僕はストーリーの概念はそんなに狭いものではないと思っています。ユーザーが発信する「モノ・サービスのまわりにある話したくなる情報」もストーリーだと捉えると、ストーリーの力は健在で発信元が変わっただけだと言えるでしょう。

ゆえに、そもそも商品開発の時点で、ユーザーが発信したくなるようなストーリーを組み込む「ストーリー・デベロップメント」も、これからの時代には大切なのだと思います。また、企業から発信されるいわゆるストーリーも、時代のニーズに合ったメディアや人を選び、そこから発信すれば強い効果を生み出すことができると思います。

つまり、ナラティブもストーリーもこれからの時代にとって有効なのは変わらないということです。ただ、いずれも、ユーザーの立場に立ち、深い考察を経ていないと、意味がない。そのためには、これまで話してきたような、ユーザーの心の底にある、不満やニーズの発見が、欠かせないということです。

マス・コミュニケーションが効かない時代のストーリーとは

さて、SNSの時代、コミュニティの時代に向けて、マス・コミュニケーションとの付き合い方はどう変化していくのでしょう？　NetflixやSpotifyのように、マスのマーケットを扱っているサービスでも、今や個人のニーズに合わせて変化するようにUIやUXがデザインされていますが、既存のテレビや新聞などのマス・コミュニケーションメディアでは、細分化されたユーザーニーズに対応したり、的確にコミュニティにアクセスしたりすることは不可能かと思います。

でも、中身を考えれば、その細分化したニーズにヒットする方法が見つかると、僕は思います。その方法の1つが、「**虫眼鏡アプローチ**」。コミュニティ内で盛り上がるニッチなストーリーをマスに展開することで、話題を生む方法です。昨今のテレビの企画は、まさにこの手法を取り入れていると言えます。

これまでコミュニティ内だけに封印されていた激レアな情報や、ニッチコミュニティのトップの人が持っている常識やおもしろエピソードは、今や誰もが見たいもの。そして、そのニッチな感覚を吸い上げ、企業側が公式のプロジェクトとして展開したり、商品化する流れも最近多く見られます。このように企業が一方的に企画を立てるのではなく、ユーザーが持っているネタや情報と共創して新しいものを生み出す手法がこれからの主流となると、僕は思います。ただそれは、企業から投げかけるストーリーとも、コミュニティに ネタを投げるナラティブとも違い、コミュニティからネタを集めそれでマスに展開する新しい考え方です。僕はこの**循環型のストーリーこそが新しい「売れ型」になると考え、「サーキュラー・ストーリー」と名づけて、実践し始めています。**

世の中にはすでに成功例もあります。例えば、吉野家のケース。牛丼の食べ方を自分なりにアレンジする人は昔からいました。一番有名なのは「つゆだく」でしょうか。牛丼の汁を多めに入れてもらう注文方法「つゆだく」は、いわゆる「裏メニュー」ですが、いまや一般的になっています。他にも、紅生姜をかけるかどうか、生卵をトッピングしてどう食べるか、副菜に何をつけるか、など人それぞれのこだわりがあったのです。

それを把握した吉野家は、吉野家ホールディングス会長や吉野家社長など経営陣のオリジナルの食べ方を「オレの吉野家〜この食べ方が一番うまい〜」というタイトルで公開。また、ユーザーの食べ方についてSNSのハッシュタグ「#オレの吉野家」で投稿するよう呼びかけました。

これは、もともと吉野家のメニューの食べ方にこだわりをもつユーザーが多かった、というのがポイントです。そんなにアレンジをする人がいないのに「#オレの吉野家」を募集しても、盛り上がりに欠けたでしょう。ユーザー側に「そうそう、こう食べるのがうまいんだよね」「え、こんな食べ方もあったのか。今度やってみよう」といった共感や興味が生まれる下地ができていたからこそ、成り立ったキャンペーンだと考えられます。そしてなにより、吉野家が常連客の不満やニーズをよく捉えていたからこそ、顧客を巻き込むムーブメントになったのだと思います。

最近でも、吉野家の大ファンであり、十番右京などの人気居酒屋を経営している岡田右京さんがSNSに上げた投稿をきっかけに、話題のムーブメントになった例があります。それが「右京丼」。吉野家の豚丼と牛皿を半々にした丼を「右京丼」としてSNSに投稿したことから、仲間内に広がり、その食べ方がブームとなったのですが、その右京氏の下に吉野家ホールディングス会長（当時）の安部修仁《しゅうじ》氏からお礼状が届き、それがSNSに拡散することで、さらにブームになったのです。まさに、サーキュラー・ストーリーの好例と言えます。

企業やマスメディアの一方的なメッセージは、以前と比べて届きにくくなりました。しかし、ユーザーの心を動かし、行動を起こすようなアイデアはまだまだ考える余地があります。むしろSNSを利用して、ムーブメントや商品をつくっていくことこそが、これからの主流になると思うのです。

美徳は無駄？　パン屋が見つけたストーリー

もう1つ、最近、僕が聞いておもしろいと思ったストーリーの話をしましょう。広島のパン屋さん、「ブーランジェリー・ドリアン」のケースです。ドリアンは「捨てないパン屋」として名を馳せています。そう、パン屋の大きな悩みの種である廃棄をしないのです。なぜなら、ドリアンのパンは2週間以上日持ちし、販路も工房での無人販売（コロナ以降はネット販売に移行）とレストランへの卸《おろし》、受注生産の定期購入サービス、地元の野菜移動販売車など多岐にわたっているからです。

でも、このドリアンのすごさは、「捨てない」だけではなく、地方なのにとにかく「売れている」ことにあります。どうしてこのようなパン屋が運営できるのでしょうか。

その答えの1つは、ドリアンを営む田村陽至さんのパンづくりが、自己満足をすべて廃しているからです。

そうなったのは、父親から受け継いだパン屋を休業し、ヨーロッパで修業したときからでした。3軒目の修業先であるウィーンの名門パン屋で、田村さんは衝撃を受けたと言います。なぜかと言うと、日本では当たり前と言われていた「手間ひま」がカットされていたからです。パン生地の整形や型抜きをしない。生地の2回発酵もしない。

たしかに、パン・ド・カンパーニュは、30分ほど寝かせてから丸める作業を繰り返すと外側がパリッと仕上がるんだそうです。でも、カンパーニュはそもそも外側が固いタイプの田舎パン。その「パリッと感」の違いがわかるのは、熟練したパン職人くらいなのだとか。つまり、その作業を繰り返すのはお客様の満足にはつながらず、自己満足なのです。

朝早く起き、完成度を少しでも上げるために長時間にわたって作業を繰り返す。これは日本では「美徳」ですが、ヨーロッパでは「無駄」になる。田村さんはその「無駄」を排除しようとしたのですが、これが日本ではとても難しい。なぜなら、日本ではこれまで、この「無駄」を「良いストーリー」として伝え、そして定着していたからです。「2日間、夜を徹してつくったスープ」とか「他ではやらない手間をかけた鮨《すし》」は、おいしそうだなと思えるし、日本では、しっかり「ストーリー」として機能するのです。これらの日本の美徳系ストーリーと、田村さんの行動は真逆。ゆえに日本では理解されない危険性もあるわけです。

とはいえ、僕も、「味が変わらないこと」に何時間も費やされるのは、あまりいいことだと思えませんから、田村さんの決断に共感しました。さらに、田村さんの話にあった、「良い素材を使う代わりに、手を抜かせてくださいって感じです」という言葉で、その共感は決定的になりました。彼はその言葉の通り、小麦粉は国内の有機栽培の小麦のみを使用しています。この小麦は、輸入小麦の4倍の価格なんだそうです。国産有機栽培の麦と自然発酵の種を使って、昔ながらの薪の石窯《いしがま》でじっくり焼き上げる。それだけで、最高においしいパンが焼き上がります。田村さん一人で品数を絞ってパンを焼いているから、原価が上がっても価格は抑えられる。これは、寝かせて丸める作業を何度も繰り返していたら不可能です。

秀でた型は真似るべき。1つの型に固執しない

パンのつくり方を変えたことで、田村さんの働き方も変わりました。パン屋と言えば、早朝から夕方まで、長時間働くのが一般的だと思われています。田村さんもヨーロッパ修業の前は、1日15時間働いていたそうです。でも、良い素材を使って手間を省き、商品数を減らしたら、朝4時から11時までの作業ですべてが完結するようになりました。午後はゆっくり体を休め、充電する。それでまたより良いパンづくりに臨めるのです。

田村さんの「決断」はまさに、「手間を捨てることで、逆においしいパンをつくれる」というものですが、それは単に「おいしいパンをつくる」ということよりも、強い共感を生み出すストーリーでもあったと思います。

もちろん、良い材料で圧倒的においしいパンをつくれたことや、店員や職人の皆さんがイキイキ働く姿がお店で見られることが、何度も訪れたくなる店をつくり、売れるビジネスになった理由ですが、それをつくり出した「決断」のストーリーがあったことで、メ

ディアやSNSで広がったのも事実（僕が東京からわざわざ取材に行ったぐらいですから）。ストーリーがあることで、お客さんの共感が増し、おいしさへの納得度が増し、さらに働く人のやる気も増したのです。

これを不満ビンゴで検証すると、パン屋さんにあった、機能の不満（働いても儲からない／働く人が疲弊する／おいしいパンがつくれない）、機会の不満（おいしいパンが広がらない／商品数を増やすけれど売れない）、気分の不満（パン屋では儲からない／辛い仕事だと思える）のすべてが、1つのストーリーで解決されていますし、さらに、働き方の改善や進化など、まわりや社会の不満の解決も起こっています。

良いアイデアはさまざまな困難を解決すると言われますが、これはまさに、ストーリーが不満を解決し、売れるビジネスをつくった好例だと思います。

また、田村さんのケースからは、「秀でた型は真似るべき」という教訓も得られます。見方によっては、手抜きしておいしくするヨーロッパのやり方はずるく見えるかもしれません。「数％の完成度の違いにこだわる日本のやり方はすごい」と突っぱねることもできたでしょう。でも、田村さんは「こっちの方がいい」と素直に認め、やり方を取り入れた。負けを認めて勝つことに成功したのです。

田村さんの家は、三代続く老舗のパン屋。そこには、代々受け継がれたパンづくりの「型」が確立していたことでしょう。でも、そこにこだわらず、もっと良い「型」があったら、しっかりアンラーンして真似をする。常識よりも、「わたし」や「まわり」の不満を大切に扱い、自分の暮らしや考え方にフィットする型を取り入れていくことで、より進歩したパン屋になったのです。

そして、もう1つ、僕らが、このパン屋さんのストーリーから学ぶべきことがあります。それは、働き詰めの人と、豊かに人生を生きる人のどちらが良い仕事ができるか?

それは長年の問いではありますが、ここに1つの答えが出たのかもしれません。

現代は「ストーリーからはじまる」売れ型がたくさんある

このようにストーリーを丁寧に見ていくと、現代でモノを売るためには、「ストーリー」が必要だとわかると思います。

ただ、売れることとストーリーの関係が理解されるようになったのはここ最近。これまでは「ストーリーは使えない」と言われてきたのも事実です。というのも、ストーリーでモノやサービスが売れるのは、モノやサービスが飽和《ほうわ》している先進国だけであり、開発途上国や新興国のように、モノやサービスの飽和までに至っていない国では、「機能の不満」を解決するのが一番だと思われてきたからです。もちろん戦後から復興していた時代の日本も同じこと。ゆえにストーリーではモノが売れないと言われていたのです。

ただし、インターネットがこれだけ普及し、スマホの利用者数が40億人近くに達する時代には、その考え方も古いと言えます。良いストーリーがあれば、一瞬で世界へ広がり、たとえ、まだ裕福でない国であっても爆発的に「売れるもの」になるからです。

とはいえ、今の時代でも、多くの国では、「機能がよく、価格が安い」のが最高の商品・サービスと言われています。なぜならそれは、機能の不満と機会の不満の両方を解決するからです。そして次に、機能の不満を感じることがなくなってくると、「デザイン」が大事になってきます。カッコよかったり、使いやすかったりするモノ・サービスが選ばれる。これも、次なる機能と機会の不満を解決しています。そして、デザインの良い商品が増えてくると、そこでストーリーの出番。そして、そのジャンルがコモディティ化し、機能やデザインで差別化がはかれない時代になると、特にストーリーが重視されるようになります。

ただ、もう一歩思考を先に進めると、今の時代は、機能→機会→気分の順番に解決してきた時代とは異なり、その3つの不満を一気に解決することも重要となってきました。したがって、最初にストーリーが先行し、その後で機能と機会の不満が解決される、なんて順番もあり得ると考えるべきです。

例えば、メンズコスメやプレミアムルームウェアなど、新しい時代の新しいストーリーから生まれたヒットジャンルや、インスタやTikTokで話題になることから生まれた「映《ば》える」ヒット商品など、成熟した市場を牽引《けんいん》するストーリー型の商品も数々生まれています。まさに、ストーリーファーストな時代とも言えるのです。

さて、この章も終わりになるので、また例の「売れ方の木」にこの章で解説した「広げ型」を追加してみました。広げ型の中が3つに分かれていますが、それぞれ解説してきたのでわかりやすいと思います。一度、俯瞰して見てもらえるとうれしいです。

図4−3　売れ型の木⑤

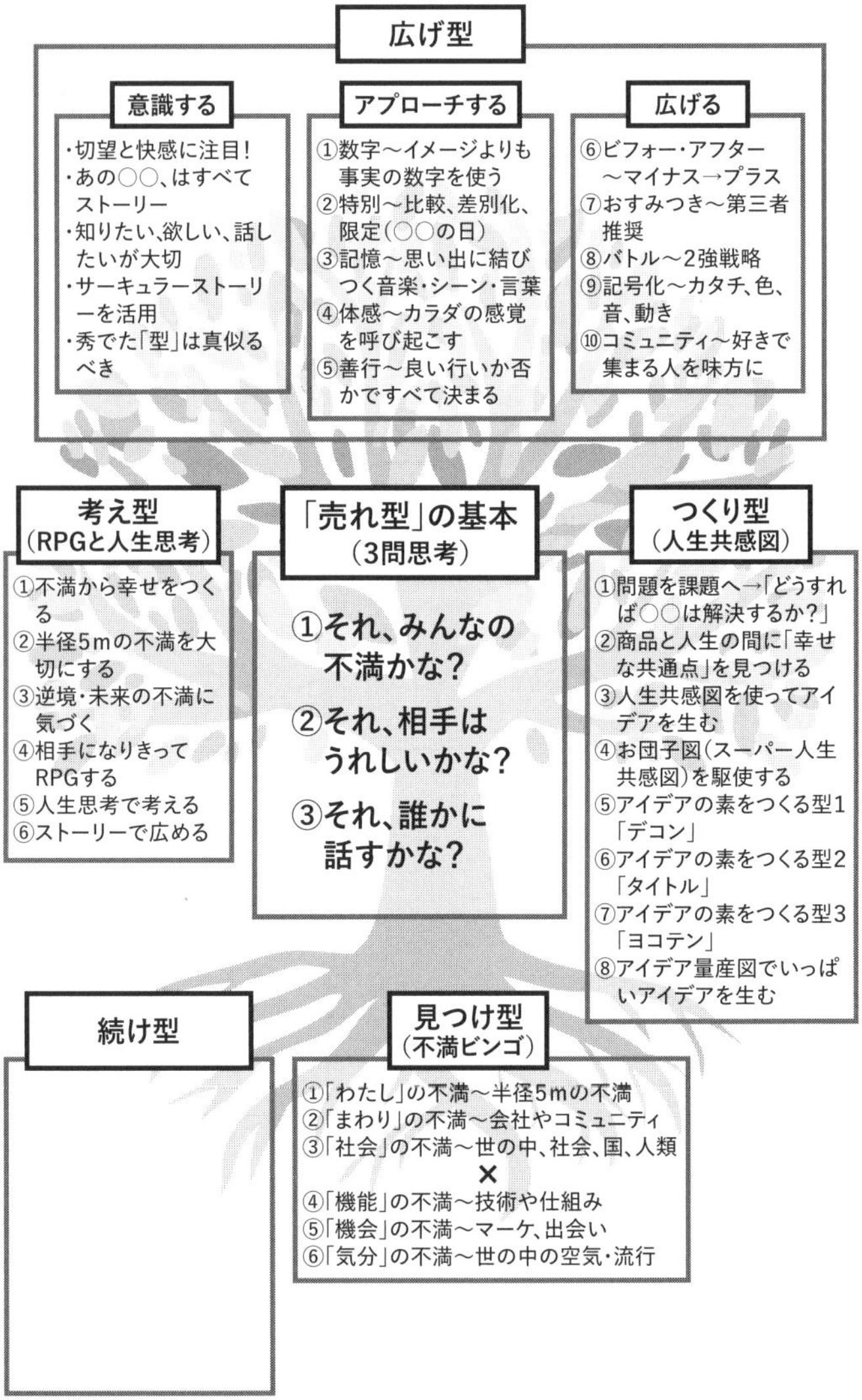
広げ型
意識する
・切望と快感に注目！
・あの○○、はすべてストーリー
・知りたい、欲しい、話したいが大切
・サーキュラーストーリーを活用
・秀でた「型」は真似るべき
アプローチする
①数字〜イメージよりも事実の数字を使う
②特別〜比較、差別化、限定（○○の日）
③記憶〜思い出に結びつく音楽・シーン・言葉
④体感〜カラダの感覚を呼び起こす
⑤善行〜良い行いか否かですべて決まる
広げる
⑥ビフォー・アフター〜マイナス→プラス
⑦おすみつき〜第三者推奨
⑧バトル〜2強戦略
⑨記号化〜カタチ、色、音、動き
⑩コミュニティ〜好きで集まる人を味方に
考え型
（RPGと人生思考）
①不満から幸せをつくる
②半径5mの不満を大切にする
③逆境・未来の不満に気づく
④相手になりきってRPGする
⑤人生思考で考える
⑥ストーリーで広める
「売れ型」の基本
（3問思考）
①それ、みんなの不満かな？
②それ、相手はうれしいかな？
③それ、誰かに話すかな？
つくり型
（人生共感図）
①問題を課題へ→「どうすれば○○は解決するか？」
②商品と人生の間に「幸せな共通点」を見つける
③人生共感図を使ってアイデアを生む
④お団子図（スーパー人生共感図）を駆使する
⑤アイデアの素をつくる型1「デコン」
⑥アイデアの素をつくる型2「タイトル」
⑦アイデアの素をつくる型3「ヨコテン」
⑧アイデア量産図でいっぱいアイデアを生む
続け型
見つけ型
（不満ビンゴ）
①「わたし」の不満〜半径5mの不満
②「まわり」の不満〜会社やコミュニティ
③「社会」の不満〜世の中、社会、国、人類
×
④「機能」の不満〜技術や仕組み
⑤「機会」の不満〜マーケ、出会い
⑥「気分」の不満〜世の中の空気・流行

第5章

売れるアイデアの「続け型」

～未来に売れる指針を知ろう～

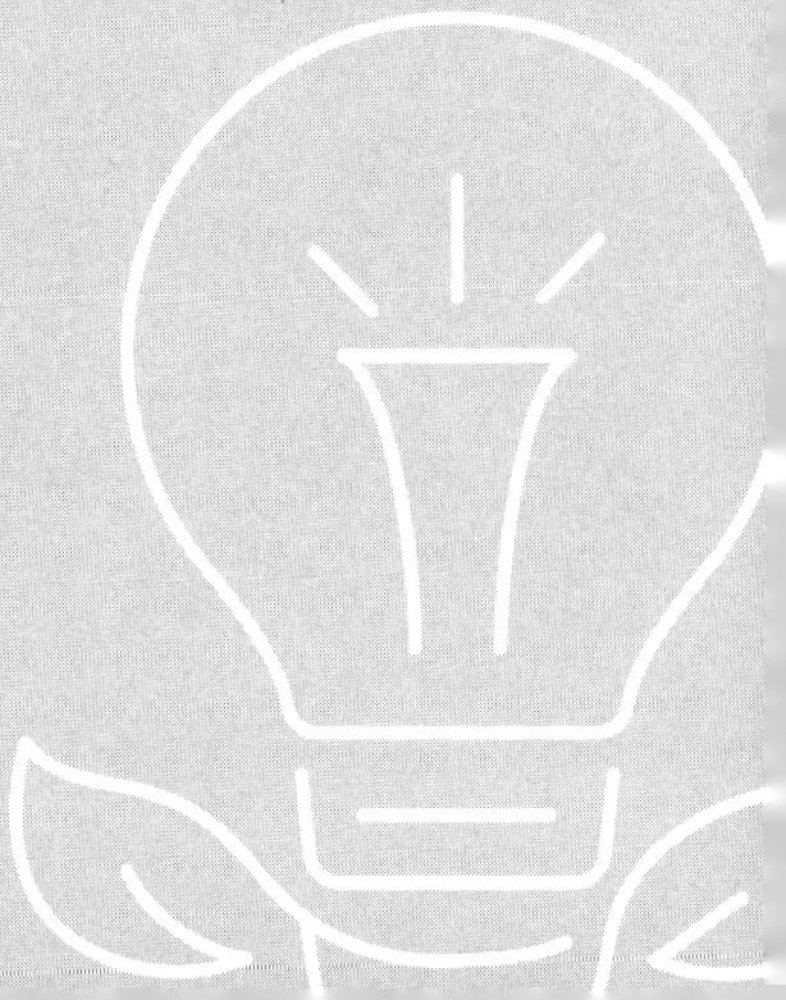

新時代の「売れ型」に必要なこと

ニューノーマルではなく、ニューレガシーを

第5章では、売れ型にとって重要となる「買い手の思い」について深く考えながら、商品が「長く売れる型」＝「続け型」を考えていきます。

買い手＝消費者の感覚は、社会の変化に伴い、常に大きく移り変わっています。彼らが今、どういう思いでいるのか、これからどう変化するのか、コロナ禍からの示唆《しさ》も含めて考えることで、これからの「売れ型」について深く分析したいと思います。

2020年に新型コロナウイルスの感染拡大が始まった頃、世界は「ニューノーマル」に向かうと言われていました。ニューノーマルとは、構造的な大変化の後に確立される新たな状態や常識のこと。そして人類はこのニューノーマルを受け入れ、さらに新しいことをし始めています。

しかし僕は、コロナ禍が始まった頃から、ウイルスの恐怖によって形成されたニューノーマルは、本当のあるべき未来ではないと考えていました。特に、政府や行政から提案されていたニューノーマルの生活様式は、人と集まらない、楽しくおしゃべりしない、手を握らない、といったように、どれも「○○しない」ものばかり。こんなことが人間の「ノーマル」とは言えないでしょう。

先ほどストーリーの話題の中で、「人は気持ちいいことしかできない」「ガマンを、気持ちいいへと変えよう」と書きましたが、新しい時代に向かうときにも、「○○しない」ではなく、「○○したい」を生み出すことが大事だと思います。「○○したい」という思いこそが未来に残していくべきレガシーであり、今我々が取り組むべきことです。

では、そのためには何をすればいいのでしょうか？　その答えは、先にも触れた**「効率から愛着へ」**という意識にあります。実は本書で紹介している「売れ型」は、商品やサービスに、「愛着」を生むためのものでもあるのです。例えば、「それ、みんなの不満かな？」「それ、相手はうれしいかな？」「それ、誰かに話すかな？」という「3問思考」は、人間の本質を捉え「○○したい！」と思えるアイデアを生むための問いですし、これから先の未来も変わらずに人に共感され、長年愛されるストーリーを生む方法だと思います。一過性の流行りを生むのではなく、人間の根源的な欲求に訴えかければ、どんなに変化の大きい時代でも愛され、売れ続けていくレガシーが生み出せると僕は思います。

ここで、僕がコンセプト開発に関わった、立川の「ＧＲＥＥＮ ＳＰＲＩＮＧＳ（グリーンスプリングス）」という街の話をしましょう。２０２０年の4月にオープンしたこの街は、コロナ禍の真っ最中であったにもかかわらず、多くの人が訪れる街となりました。

それはなぜか？　広大な敷地に、広い公園とたくさんの緑。そして水が流れるカスケードや噴水があり、子どもたちが安心して遊べる場所だったからです。さらに、オフィスやホテルには、すべてバルコニーがあり、全室窓が開放できる仕様だったことも愛された理由だと思います。

でも、この街の開発が始まったのは、コロナ禍のずっと前。なのにこの街が開発できたのは、まさに、人の本質に立ち返ってすべてを考えたからに他なりません。

このＧＲＥＥＮ ＳＰＲＩＮＧＳには、ビジョンがあります。それは「１００年続く新しい幸せを、立川から世界へ」。つまり、この開発は、今盛り上がるビジネスではなく、これから100年を見据えたビジネスを目指しています。だからこそ、容積率いっぱいに建物を建てて賃料で稼ぐのではなく、地域の人に愛されながら育っていけるように、広場やオープンスペースをたくさんつくっているのです。

これまでのビジネスは、ヒト・モノ・カネを集め、短期間で収益を上げるモデルが主流でした。ゆえに高層オフィスビルを建て、大規模ライブを行い、人をぎゅうぎゅうに詰められるテーマパークをつくり、ジャンボジェットで移動し、面積に対して席数の多いレストランをつくってきたのです。でも、それが今後もそのまま続くとは誰も思っていないでしょう。実際、今も、公園と隣接した施設には人が集まり、常連を大切にしている寿司屋は繁盛し、地元を楽しむ家族が増えています。長年着ている服を直しに出す人、割れた茶碗を金継《きんつ》ぎして楽しむ人も多くなったと聞きます。

いずれも、「効率」を求め、スピード重視で生きるだけではなく、「愛着」を持って、豊かに生きることを求めているからだと思います。もちろん効率がすべて悪いわけではなく、便利なサービスを享受《きょうじゅ》しながら人は生きていくでしょう。でもその中に、少しでも「愛着」を持てる視点を見出したい。それがこれからの時代の買い手が求めることだと思うのです。

未来では、双方向の「売れ型」だって考えられる

最近、「コロナ禍でなくなったものは何だろう?」という話をしていたときに、ある人が「メリハリ」と言っていて、なるほどと思ったことがあります。実は、この「メリハリ」こそが、経済を回していたのではないかと、僕は思っています。

朝起きて会社に行く。子どもを保育園につれて行き、パートに行く。掃除をする。夕食の用意をする。外食して仲間と笑う。久々に友人に会う。上司と会食に行く。日常的に普通にあったこのリズムが壊れることで、飲食、ファッション、流通をはじめ、さまざまな場面にあったはずのメリハリがなくなり、そして「消費行動」が消失しました。

逆に、リモートワークの浸透などで移動が減り、時間の配分が自由になった分、映画を観たり、なにかをつくったり、本を読んだり、家族と話したりといった人生の部分が充実した人もいるでしょう。

いわゆる「ハレとケ」がなくなり、人生のイベントが弱まっているけれど、人生を豊かにする時間も生まれた。これはとても困惑することですが、でも、それを踏まえた新しい

ビジネスが生まれる機会でもあります。「はじめに」で述べたように、これからの時代に「売れる」ためには、「消費」というよりも、「共感＋所有」が原動力になっていくと思います。だから**「消費行動」が消失したところに、新しい「共感＋所有」への欲求を生み出せば、新しい「売れ型」が生み出せる**と思うのです。

その**新しい「売れ型」で大切になるのは、「商品やサービスの余白」**、つまり、ユーザーが自由に使える部分があるかどうかだと、僕は思います。

僕の盟友で博報堂の役員でもある嶋浩一郎さんがこう話していました。「コロナ禍で大躍進したZoomは、そもそも会議のためにつくられたけど、今や合コンや飲み会にも使われている。この自由な使われ方を許容できるかどうかがこれから大切になる」と。

この意見に僕も強く同意します。まさにこれからの時代は、個人が自由な発想で自由に使える商品やサービスの需要が高まるはずです。ギチギチに使い方の定まった商品やサービスではなく、ゆるくて自由な使い方が内包された商品やサービスが、これからの主流になると思うのです。

彼は他にも「ジップロックがお風呂で携帯電話を使うために使われたり、瞬間接着剤がコギャルのツケマのために使われたりするなど、受け手のクリエイティビティを受け入れる度量というか余白が、これからのブランドには大切だ」という話や、「寿司を広めるためにアメリカ人に寿司を教えたらカリフォルニアロールができたけど、それも原理原則で考えず、文化の広がりとして受け止めることが重要だ」ということも話してくれましたが、いずれも、とても重要な視点だと思います。

メインの目的はあるけれど、あえてルールを縛らず、使う人の意思に任せる。意図した使われ方ではなくても、ウケた部分があったのなら、むしろそれに乗っかって、さらなるサービスを開発していく。それが未来に必要な考え方。

実はこれ、第4章で話した「ナラティブ」の発想に近いものです。そして余白で生まれた新しい価値を、企業にフィードバックして、さらなる開発に活かせるなら、それは「サーキュラー・ストーリー」そのものだと思います。

新しい時代は、一方的な押し付けではなく、**企業と世の中が双方向的に混ざりあって楽しいことを生み出す、そんな「遊び場」のような感覚が「売れ型」として重要だ**と思うのです。

未来で売れるために必要な「意外な情報源」とは？

「未来で売れる」商品やサービスを生み出すために、僕がどうしても外せないと思っていることがあります。それは**「国の情報」**です。こう聞くと、堅い話を想像されるかもしれませんが、これは本当に大切な視点なので、少しだけお付き合いください。

ここまで何度か、ＳＤＧｓはお金が集まるジャンルだと話しました。これを言うと「儲け話のことなんて」と思う人もいるかもしれませんが、序章でも話したように、お金が集まり、ビジネスが回ることはとても重要なことです。企業が投資することで、地球環境が良くなったり、貧困がなくなったり、差別がなくなるなら、これほどいいことはありませんし、きっとそういう民間企業のアイデアが集まらないと、世界は変わらないからです。まさに、良い「売れ型」が未来をつくるということ。そして２０３０年までは、その核がＳＤＧｓだというわけです。

ただ、あまり知られていませんが、そんなＳＤＧｓと同様に、いやもっと明確に「お金

の集まる未来」が予言されているものがあります。しかも、知っているかどうかで雲泥《うんでい》の差がつくほど重要な内容が集まっているのに、タダなのです。何だと思いますか。

その答えは、**「政府や官庁から発表される資料」**です。

例えば、2020年7月には内閣府から、「経済財政運営と改革の基本方針2020（骨太方針2020）」が発表されましたが、その中にはコロナ対策はもちろん、デジタル化への集中投資やデジタルトランスフォーメーション（以下、DX）の推進、スマートシティ構想から、リカレント教育（生涯にわたって教育と就労を繰り返す教育制度）をはじめとした、人や教育への投資の集中などが書かれています。

これだけでも、日本にとって何が課題であり、どこにお金が集まり、どういう未来が生まれるかがわかるのです。さらに、経済産業省や国土交通省、総務省など、あらゆる省からも報告書が発表されています。すべてを見るのは大変なのですが、少なくとも骨太の方針や、自分の会社やビジネスと関連する報告書は読むべきです。そうするだけで、課題を先に知ることができるし、会議や企画でも、中身の濃い話ができると思います。

また、最近では、国の情報や世界の情勢などを、端的に伝えてくれるYouTuberもいるので、その人たちの動画を見るのも、有益だと思います。

こう話していると、なんだか国に翻弄されるみたいで嫌だな、と思う人もいるかもしれませんが、それは逆です。国が進もうとしているところには、確実にチャンスがあります。だったら、それを活用すべきでしょう。

実際、人口減少は間違いなくやってくるし、大規模な災害も（来ないで欲しいですが）いつかやってくると思います。Society5.0、スマートシティ構想、リニアモーターカー、教育制度改革など、一見バラバラに見える未来も、実はすべて、つながっています。その根幹を理解しつつ、自分のビジネスに役立てることが、未来の「売れ型」に必要なのです。

正しいＤＸを知り、将来のヒットに備えよ

今、国の方針の中にもあり、どんな企業も取り組んでいるのがＤＸでしょう。しかし、単なるデジタル化くらいにしか認識していない企業も多く、その意味を本当に理解している企業がどれほどあるかは、少々疑問です。

ＤＸの起源は、意外に古く、２００４年に提唱されたコンセプトだと言われています。それがここ数年加速しているように思えるのは、コロナ禍を踏まえ、メディアでもよく特集されるようになったからだと思いますが、実はここまでずっとＤＸを行い、それをビジネスにして成功している会社がここに来て目立ってきたからでもあると思います。

世界有数の企業となったAmazonやセールスフォース、ワークデイ、さらにUberやAirbnb、国内でも話題のビズリーチなども、ＤＸというフィールドで課題を見つけ、そこからアイデアを生み出した会社と言えます。新型コロナウイルスの感染拡大で、デジタル化は必須になり、この流れはさらに加速していますから、ここからますます新しいビジネスが生まれることは間違いありません。

とはいえ、自分たちのまわりに目を向けてみると、ＤＸは厄介ものと言えるかもしれません。部長は口うるさくＤＸを語りますが、具体的な打ち手は見えていない。ひどいところでは、「ＤＸのためにメルマガを始めました！」なんて企業もあるほどです。

ではどんなＤＸが本当に必要なことなのでしょうか？　僕が考えるＤＸ化の本質は、インナー（社内）にあります。まず、社内のデータのカタチを揃え、データの社内流通をスムーズにすることからＤＸは始まるからです。インナーのＤＸが進めば、それだけビジネスは加速度的に伸びます。それができないのに、社外向けにＤＸをするのは無謀です。

また、音楽業界、百貨店など、リアルな売り場が主戦場だった業種は、いきなりお客様向けのＤＸをするのは困難でしょう。中の人の意識が古いままで、無理にＤＸを進めるのは、無謀中の無謀。デジタル領域にはAmazonがいるし、Googleもいる。そのスピードや品質にいきなり追いつけるはずがありません。陸の環境が悪くなってきたからといって、人がいきなり海中で暮らそうとすると死んでしまいます。

だから、まずインナーをＤＸし、その上でデジタル化することで価値が増すストーリーやアイデアをつくって、デジタルに適応する必要があるのです。アイデアとストーリーをしっかりつくり込めば、デジタルの海でもしっかり泳ぐことができるでしょう。

僕がクリエイティブ・ディレクターとして関わっている「GOOD EAT CLUB（グッドイートクラブ）」についてご紹介させてください。これは食を扱うECなのですが、僕らはそれを「Emotion Commerce」と呼び、愛すべき食をエモーション（感動や愛情）とともに買えるサイトをつくっています。

先ほど、デジタルの海で戦うためには、アイデアやストーリーが大切と書きましたが、まさに、「エモーション」こそがその答えだと僕は思っています。ただ便利に「食品」が買えるだけではなく、誰かが愛してやまない店のメニューや、誰かが絶対オススメという味が買えるサイト、そして、大好きな食で集まれるコミュニティであることが、これからは愛されると思うのです。

コロナ禍もあり、日本の飲食は大打撃を被《こうむ》っています。その中で失われるお店の味もある。また、一部の人しか知らない絶品の食もある。それらの「食」を未来に残すためにも、積極的にデジタル化してサイトで扱い、日本中の人々に届ける。これもまたDXの重要な部分だと思います。

僕は、このように、**デジタル化することで喜ぶ人が増えることが、DXのビジョンだと**思います。DXは、幸せな未来をつくるアイデアを加速するための手段なのです。

「とにかく売れればOK」の時代の終わり

つくり手、売り手、買い手、すべてが主人公になる時代へ

少し脱線して、演歌の神様、三波春夫さんの話をさせてください。その昔、「お客様は神様です」というフレーズとともに一世を風靡《ふうび》した名歌手ですが、彼の発言に「この曲を聴いてくださるお客様は、ラジオなのか、CDなのか、テレビなのかわかりませんけど、私は**その方の人生の大切な4分を奪うわけです。ですから気を抜いたりしちゃいけないと**思っているのです」という言葉があります。

これは、一緒にレコーディングをしていた宮田人司《ひとし》さんから聞いた話ですが、僕はこの言葉が大好きです。「お客様は神様です」の本当の意味がここにあると思います。それはプロとして仕事に向かう崇高《すうこう》な姿勢であって、客のことはなんでも言うことを聞くべきというスタイルではないのです。

近年、コンビニや飲食店が、お客様第一から、働く人の暮らしも大切というスタイルに

変わってきているのも、僕は正しいと思っています。なぜなら、生産者も、つくり手も、流通に携わる人も、食べる人も、すべてが主人公であり、すべてが幸せな社会の方が楽しいと思うからです。

最近まで、働く人の思いやニーズは放ったらかされ、結果的に、誰かがトクをするよりも、お客様のためにみんながガマンすればいいという意識が蔓延していました。でも、顧客が本当に、つくり手に辛い思いをしてまで頑張れと思うでしょうか？　夜も寝ずにもっともっとつくれとか、私のために苦しんでくれと、願うでしょうか？　僕は、そんなことはないと信じています。それはかなり無理があり、サステナブルではない歪《ゆが》んだカタチだと思います。

今は、D2Cのような新しい売り方も発明されたことで、つくり手と買い手、生産者と利用者、お店と顧客が、相互に意見を言い合い、ニーズを語り、直接提供もできるようになったことで、誰もが主人公になれる時代が始まりました。それはとても良いことです。そして、未来はきっと、働く人全員が主人公の時代がやってくると思うのです。

そこで大切になるのが、先ほどの「ブーランジェリー・ドリアン」の田村さんの考え方であり、三波春夫さんの言葉です。すなわち、誰もがお互いをリスペクトして、誰もがプロの仕事をする世界。そんな世界を実現するためにも、相手のことをしっかり想像して、不満や課題を扱い、そして心から欲しいと思えるものをつくり出し、届けるようにしていくべきだと思います。

もちろんそのためには、商品を買った人が気持ちよく過ごせることが大切。**これからの時代の「売れ型」は、売ることがゴールではなく、売ることがスタートになる。**買わせるために戦略を練るのではなく、買った後に人生が豊かになり、人に話したくなるようなストーリーやアイデアを考えるべきだと思うのです。

売り場から買い場、買い場から「居る場」「見る場」へ

少し前に流行った言葉の中に、「売り場から買い場へ」というものがありました。従来の売り場を、買い手の立場から見直そうという試みです。

過去、まだ流通やマーケットが未成熟だった時代には、職人や生産者が「買い手」を意

識しづらいために、つくり手目線のビジネスが主流だったと思います。このときのつくり手の思いは、「良いものをつくろう。良いものなら買ってくれるはず」でした。

その後、市場が成熟してマーケティングなどの手法が取り入れられると、大企業のメーカーや商社などが主導して、「売れるものをつくろう。マーケットが欲しいものを出せばいい」という時代がきました。1988年、西武百貨店の「ほしいものが、ほしいわ。」という広告が出たのを皮切りに、つい最近まで、この「買い手の時代」は続きました。生活スタイルに合わせてニーズが変化し、そのニーズに合わせて商品がつくられるために、新商品が次々に生まれ、それらをどんどん消費する暮らしが主流だったと思います。

でも今は、そのどちらでもない時代が来ました。それは、「**幸せなものをつくろう。誰もがガマンせず、うれしいものがいい**」という、全員が納得できるスタンスの時代です。まさに、誰か一人が幸せになればいいのではなく、関わるすべての人、さらには地球規模ですべてが幸せになるストーリーを描ける企業こそが、勝ち残っていく時代なのかもしれません。

ところで、先ほどの「売り場から買い場へ」についても、時代とともに変化しています。例えば「買い場」は、売る側や買う側の思いの変化に寄り添い、「居る場」や「見る場」へと進化しているのです。「居る場」の先駆者としては、サードプレイスを標榜したスターバックスコーヒーがあります。他にも、ビールを飲みながら本を買ったりできる本屋や、カフェを併設した銀行ができたりと、「居る場」はどんどん進化しています。

　また「見る場」への進化としては、ＲａａＳ（リテール・アズ・ア・サービス）のパイオニアである「b8ta（ベータ）」などの台頭があげられると思います。ＶＲやＩｏＴ家電をはじめとしたイノベーティブな商品を体験、購入できる小売なのですが、その運営が画期的。店舗を区画で区切って、出店ブランドから月額固定で料金を集め、商品の説明や体験を行い、そのマーケティングデータを企業へ提供するというもの。まさに「見る場」として発明された業態です。この「見る場」では、生産者側のこだわりも伝わるし、顧客側はおもしろいものに出会える機会と、その場で買わなくてもいい自由が手に入ります。つまり、関わるすべての人の「機会」「気分」の不満が解決し、幸せを生む仕組みなのです。

　さらに、このサービスはリモートでは味わえない「体感」を提供している点も、これからのビジネスとして重要です。まさに共感されるストーリーを組み込んだ、オフラインビジネス開発の先端事例だと思います。

わかりやすいカンタンをつくれ

すべての「売れ型」に共通する心構えとは？

さて、ここからは、これまで本書で話してきた「売れ型」のすべてに共通することをいくつかお話ししたいと思います。

僕の仕事であるコピーライターは、一般的には、テレビCMやポスターなどの広告に使う言葉を書く仕事と考えられていますが、僕は「世の中の仕組みを言葉でデザインする仕事」だと考えています。

第1章から話していますが、世の中には、滞りがたくさんあり、それを払拭したいと誰もが願っています。この滞りを解決するのがアイデアです。ただ、一度解決に成功しても、また滞りは生まれます。だから僕はこれを「仕組み」で解決したいと思ったのです。すなわち、一度きりのメッセージではなく、何度も使える名前をつけたり体験をつくったりして、ずっと売れ続ける仕組みをつくるわけです。そうして生み出したものが、「プレミアムフライデー」であり、「最高金賞のビール」であり、街開発や商品開発であり、本書でご紹介している「型」なのです。

新しい時代には、スモールコミュニティなど、すごく狭いターゲットに届けるために、とても「ニッチで濃い興味」にアクセスすることが大切になります。そして同時に、売れる仕組みをつくり、それをカンタンにおもしろく伝わるようにデザインすることも大切になります。その2つがあれば、新しい時代にしっかりと商品が売れるようになるのです。でも、考える指針がないと、そのどちらもがちょっと難しい。だからここまでに話してきたような、考え型や見つけ型、つくり型、広げ型などしっかりと売れる方法をお話ししてきたのです。

でも、もっとラクに考えたい人のために、最後に、究極にシンプルなゴールをご紹介したいと思います。それが、**「愛されるカンタンをつくる!」**という意識。愛されるためには、その時代にマッチした感覚でなくてはいけないし、おもしろくないといけない。さらに誰もがわかる「カンタンな言葉」でなくてはいけないなど、いろいろとハードルはあるのですが、愛されるカンタンさえ見つけられれば、売れるアイデアは生み出せると思います。

すでに本書で何度かお話ししましたが、僕が目指すのは「居酒屋で話される」ことです。商品もサービスも、経営企画も国の施策も、とにかく、カンタンに。とにかく、愛されるようにすべきです。そのためには、難しい言葉や理屈は余計。居酒屋で話せるぐらい、ベタでおもしろい方がいい。そういうものこそが、国の施策や企業の核にあるべきだと思います。

例えば、仕事でプレゼンするとき、皆さんはきっと、なんとかわかってもらうように努力すると思います。でもそれは少し間違い。**目指すのは「わかってもらう」のではなく「わかってしまう」プレゼンです。**そのためにも、誰もが共感する不満やニーズをベースにして、みんなの人生に関係するような伝え方をするべきです。もっと言えば、世の中の興味が集まる未来の事柄にも精通している必要があるのです。

さて、これで第5章も終わりました。最後に「続け型」を加えて、育ててきた「売れ型の木」も完成です。ぜひ、本書を活用して、あなたの仕事や活動を、少しでも「売れる」ものに変えてください。

図5―1　売れ型の木　完成版

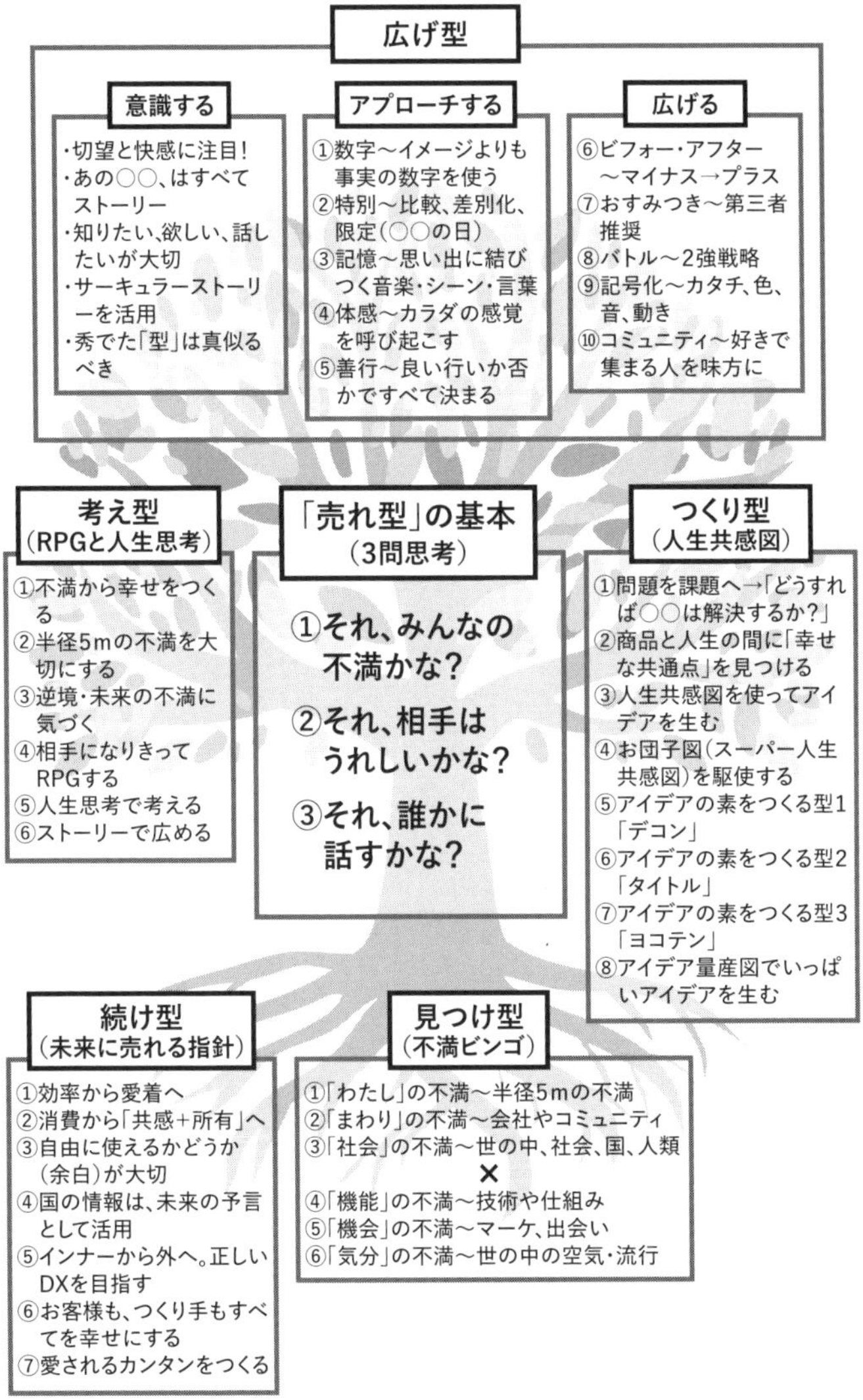

広げ型
意識する
・切望と快感に注目！
・あの○○、はすべてストーリー
・知りたい、欲しい、話したいが大切
・サーキュラーストーリーを活用
・秀でた「型」は真似るべき
アプローチする
①数字～イメージよりも事実の数字を使う
②特別～比較、差別化、限定（○○の日）
③記憶～思い出に結びつく音楽・シーン・言葉
④体感～カラダの感覚を呼び起こす
⑤善行～良い行いか否かですべて決まる
広げる
⑥ビフォー・アフター～マイナス→プラス
⑦おすみつき～第三者推奨
⑧バトル～2強戦略
⑨記号化～カタチ、色、音、動き
⑩コミュニティ～好きで集まる人を味方に
考え型（RPGと人生思考）
①不満から幸せをつくる
②半径5mの不満を大切にする
③逆境・未来の不満に気づく
④相手になりきってRPGする
⑤人生思考で考える
⑥ストーリーで広める
「売れ型」の基本（3問思考）
①それ、みんなの不満かな？
②それ、相手はうれしいかな？
③それ、誰かに話すかな？
つくり型（人生共感図）
①問題を課題へ→「どうすれば○○は解決するか？」
②商品と人生の間に「幸せな共通点」を見つける
③人生共感図を使ってアイデアを生む
④お団子図（スーパー人生共感図）を駆使する
⑤アイデアの素をつくる型1「デコン」
⑥アイデアの素をつくる型2「タイトル」
⑦アイデアの素をつくる型3「ヨコテン」
⑧アイデア量産図でいっぱいアイデアを生む
続け型（未来に売れる指針）
①効率から愛着へ
②消費から「共感＋所有」へ
③自由に使えるかどうか（余白）が大切
④国の情報は、未来の予言として活用
⑤インナーから外へ。正しいDXを目指す
⑥お客様も、つくり手もすべてを幸せにする
⑦愛されるカンタンをつくる
見つけ型（不満ビンゴ）
①「わたし」の不満～半径5mの不満
②「まわり」の不満～会社やコミュニティ
③「社会」の不満～世の中、社会、国、人類
×
④「機能」の不満～技術や仕組み
⑤「機会」の不満～マーケ、出会い
⑥「気分」の不満～世の中の空気・流行

おわりに

これですべての「売れ型」を話し終えました。

本書ではここまで、さまざまな視点から「売れ型」を提示してきましたが、いかがだったでしょうか。「不満から幸せをつくること」をはじめとする「売れ型」の基本、すべての幹となる「3問思考」。アイデアの「見つけ型」や「つくり型」。そしてアイデアの「広げ型」、未来での売れ型となる「続け型」。さらには、不満やニーズ、人生思考、お団子図、ストーリーやナラティブ、そしてサーキュラー・ストーリーのお話もしましたし、政府の発表に目を通すことやビジネスに関わる全員が主人公になる重要性、さらにはすべての土台となる「愛されるカンタン」の大切さもお話ししました。

僕は、そのすべてが、バラバラではなく、大きなビジョンに向かって連動していると思っています。そのビジョンとは、ワクワクする未来をつくることです。

ビジネスは厄介です。それは売ることが、いつも良いことではないからです。ときにはゴミを生み出し、格差を生み出します。でも冒頭でもお話ししたように、僕は、売れることが世界を良くすることだと信じています。そしてそのためにも、しっかりと現代の課題を見つめるべきだと思います。人の思いに触れ、わたしや社会の不満を解決して、人が進化する一助となるために「売れる」ことを考えるわけです。これからの暮らしの進化の過程には、常に「売れる」ことがあると思います。だからこそ、**今の時代に強い共感を生み、未来に責任を持って「売れる」ことを目指すべき**なのです。

この本のタイトル『売れ型』は、ここまでにお話しした、すべての考え方やアイデアのつくり方のことでもありますが、本当の意図は、ワクワクする未来を見つめて進む姿勢そのものを指しています。

武道や茶道など、日本の「道」が美しい「型」を重視するように、日本から生まれるビジネスのすべてが、豊かな未来をつくる、美しい姿勢、美しい「型」から生まれますように。その願いを込めて、本書を締めくくりたいと思います。

小西　利行

〈著者略歴〉
小西利行（こにし・としゆき）
POOL INC. FOUNDER/クリエイティブ・ディレクター/コピーライター。
博報堂を経て、2006年POOL INC.設立。CM制作、商品開発から、街づくりや国の戦略構築も行う。「伊右衛門」「ザ・プレミアム・モルツ」「PlayStation」「モノより思い出。」「AQUA」などヒット作多数。2017年に「プレミアムフライデー」を発案。2019年には京都のホテル「THE THOUSAND KYOTO」「GOOD NATURE STATION」、2020年立川「GREEN SPRINGS」をプロデュース。2021年には「GOOD EAT COMPANY」にてブランディング＆クリエイティブディレクションを担当。2021年開催予定のドバイ万博日本館のCREATIVEADVISERも担当している。著書に、『伝わっているか?』（宣伝会議)、『すごいメモ。』『プレゼン思考』（以上、かんき出版）がある。

装丁・本文デザイン——山之口正和（OKIKATA）
イラスト——浜畠かのう
図版——桜井勝志
編集協力——崎谷実穂

売れ型
誰でも売れるアイデアが湧き出す思考法

2021年9月30日　第1版第1刷発行

著者　小西利行
発行者　後藤淳一
発行所　株式会社PHP研究所
東京本部　〒135-8137　江東区豊洲5-6-52
第一制作部　☎03-3520-9615（編集）
普及部　☎03-3520-9630（販売）
京都本部　〒601-8411　京都市南区西九条北ノ内町11
PHP INTERFACE　https://www.php.co.jp/

組版　有限会社エヴリ・シンク
印刷所　大日本印刷株式会社
製本所　株式会社大進堂

ISBN978-4-569-85039-9